図解ポケット

Shuwasystem
A book to explain
with figure
: Library

起業のための必須知識!

株式会社の設立手続きがよくわかる本

OKAZUMI Sadahiro
岡住 貞宏 著

秀和システム

●**注意**
(1) 本書は著者が独自に調査した結果を出版したものです。
(2) 本書は内容について万全を期して作成いたしましたが、万一、ご不審な点や誤り、記載漏れなどお気付きの点がありましたら、出版元まで書面にてご連絡ください。
(3) 本書の内容に関して運用した結果の影響については、上記 (2) 項にかかわらず責任を負いかねます。あらかじめご了承ください。
(4) 本書の全部または一部について、出版元から文書による承諾を得ずに複製することは禁じられています。
(5) 商標
本書に記載されている会社名、商品名などは一般に各社の商標または登録商標です。

はじめに

　「株式会社の設立手続き」を正確に解説する書籍を書こうとすると、株式会社の制度及び組織に関する数多くの選択肢に触れざるを得ません。本書でも多少言及する「公開会社or非公開会社」や「取締役会の設置or非設置」などは大きな「分かれ道」ですが、それ以外にも無数の分岐点があります。

　普遍的な解説書を目指すのであれば、それらの選択肢をひとつひとつ丁寧に説明する必要があるでしょう。しかし、そうなると書籍の分量は膨大なものとなります。また、具体的な「手続き」の流れについては、かえってわかりにくいものとなってしまいます。

　本書は、専門家でない読者の方が自力で手続きすることを念頭に、思い切って選択肢を減らし、とにかく「株式会社の設立」という結果にたどり着くための手引書として仕上げました。選択の幅を狭めた分、個々の手続きについては丁寧な解説に努めました。本書の手順でじっくり取り組んで頂ければ、必ずや株式会社は設立できるものと思います。

　わかりやすさを主眼としているため、細々とした説明を省いたり、間違いとは言えないまでも正確さを犠牲にしたりしている記述もあります。特に、司法書士等の専門家の方々が本書を読む場合には、上記の執筆目的をご理解下さいますようお願い申し上げます。

　本書を手に取る方々のお役に立つことを願ってやみません。

　　　　　　　　　　　　　　令和6年11月　司法書士　岡住貞宏

図解ポケット
株式会社の設立手続きがよくわかる本

はじめに ………………………………………………………………………… 3

0 序章　本書の目的

0-1　本書の目的………………………………………………………… 8

1 株式会社の基礎

1-1　株式会社の本質………………………………………………… 14
1-2　株式会社の組織①……………………………………………… 16
1-3　株式会社の組織②……………………………………………… 18
1-4　株式会社の資本金……………………………………………… 20
1-5　株式会社と税金………………………………………………… 22
1-6　株式会社と消費税……………………………………………… 28
1-7　株式会社と健康保険・厚生年金保険………………………… 30
1-8　株式会社の信用………………………………………………… 32
1-9　株式会社を設立しなければならない場合…………………… 35
1-10　株式会社の組織の選択………………………………………… 37
1-11　株式会社の設立費用…………………………………………… 41
1-12　合同会社というもうひとつの選択肢………………………… 43
コラム　起業で注意すべきこと………………………………………… 45

2 株式会社設立の手続き（会社法）

2-1　はじめに ―ひとり株式会社の設立手続き―………………… 48
2-2　株式会社設立の「一連の手続き」とは？……………………… 50
2-3　発起人の役割…………………………………………………… 54
2-4　定款の作成① ― 作成者と記載事項………………………… 57

2-5	定款の作成② ― 定款記載例の利用方法	60
2-6	定款の作成③ ― その他のポイント	61
2-7	定款の記名押印	68
2-8	実質的支配者申告書を作成する	71
2-9	定款の認証	75
2-10	出資の払込み	79
2-11	設立時取締役の就任承諾書の作成	81
2-12	設立時取締役の調査と払込証明書の作成	83
コラム	押印は必要？ 不要？	86

CHAPTER 3 株式会社設立の手続き（登記申請）

3-1	設立の登記の申請をする	88
3-2	会社法の手続きの作成書類の確認	90
3-3	印鑑届書を作成	92
3-4	印鑑カード交付申請書を作成	95
3-5	登記申請書の作成	97
3-6	登記すべき事項の提出方法	103
3-7	添付書類の原本還付	105
3-8	書類のまとめ方	107
3-9	株式会社設立登記申請書の提出	109
3-10	補正の方法と取下	112
3-11	登記事項証明書の交付	114
3-12	印鑑カードの受領と印鑑証明書の取得	117
3-13	証明書発行請求機	120
コラム	詳しすぎる？ 法務局の解説	123

CHAPTER 4 応用編 ―もっと大きな株式会社と登記オンライン申請等―

4-1	第4章の目的	126
4-2	発起人2名・取締役3名の株式会社の設立の手続き① 会社法	128

5

4-3	発起人2名・取締役3名の株式会社の設立の手続き② 登記申請	135
4-4	取締役会設置会社の設立の手続き① 会社法	138
4-5	取締役会設置会社の設立の手続き② 登記申請	146
4-6	登記オンライン申請とは？	152
4-7	電子定款とは？	155
コラム	電子署名の将来	157

A 巻末付録・定款記載例

A-1	ひとり株式会社	160
A-2	発起人2名・取締役3名の株式会社	169
A-3	取締役会設置会社（発起人3名・取締役3名・監査役1名）	179

索引		194

序章　本書の目的

　本書のタイトルは「株式会社の設立手続きがよくわかる本」です。このタイトルの意義を、初めに明確にしておきましょう。

本書の目的

本書のタイトルである「株式会社の設立手続きがよくわかる本」について、その意義を明確にしておきます。

1 「株式会社を設立すること」に特化！

これまでに、**株式会社**の設立手続きを解説する書籍は数多く出版されています。大変に優れた書籍が多いですが、やや「もどかしい思い」をすることが多いのも確かです。それは、株式会社に関する序論──株式会社とはどんな会社なのか、設立するとどんなメリットがあるのか、個人事業と何が違うのか等々──が詳しすぎるのです。それも、法律・税務・社会保険・金融・許認可等の全般にわたる解説となると、正確ではあってもわかりにくくなってしまいます。

本書は、とにかく「株式会社を設立すること」に特化し、それを目的に書かれています。

それでも、株式会社の基礎知識がまったく不要というわけでもないので、その点はごく簡単にまとめ、株式会社の設立の手続きに十分な力点を置いて、詳細に解説します。

本書を読んだ方が自力で「株式会社を設立する（できる）こと」。それが本書の明確な、そして唯一の目的です。

発起人（株主）1名＝取締役1名の「ひとり株式会社」を中心に

　株式会社には大小さまざまな組織的バリエーションがあります。このバリエーションの全般に目を配って解説をすると、かえって手続きの流れがよくわからなくなってしまいます。

　本書の読者は、

- いまはサラリーマンであるが株式会社を設立して新規起業を考えている人
- いまは個人事業をしているが株式会社を設立し法人の事業としたい人（法人成り）

　このような方が大多数であると思います。その場合、いちばん需要が多く、基本となるのは発起人（株主）1名・取締役1名（発起人と取締役が同一人）のミニマムな形態の株式会社です。このミニマム形態の株式会社を、本書では「ひとり株式会社」(注)と呼び、その設立の手続きを中心に解説して行きます。

　もっとも、ひとり株式会社より少し大きな株式会社――発起人や取締役が複数の株式会社、取締役会設置会社――を設立したいという需要も少なくはないでしょう。それについては、基本となるひとり株式会社の設立手続きを解説したあとに、応用編として、ひとり株式会社との相違点を補足する形で解説したいと思います。また、応用編においては、登記オンライン申請や電子定款についても説明を加えます。

本書の想定読者

新規起業を目指す

個人事業を「法人成り」する

需要が多く、基本となるのは・・・

ひとり株式会社
発起人1名＝取締役1名

この設立の手続きを中心に！

3 本書の構成

以上の目的に沿った本書の構成です。

第1章　株式会社の基礎
第2章　株式会社設立の手続き（会社法）
第3章　株式会社設立の手続き（登記申請）
第4章　応用編―もっと大きな株式会社と登記オンライン申請等―

　第2章と第3章は、ひとり株式会社にターゲットを絞ってその設立手続きを解説します。第1章は株式会社に関する基礎知識の解説ですが、「そんなことはもうわかっている」という人は、第2章から読み始めていただいても結構です。一方で、第4章は第2章・第3章をベースにして相違点を中心に解説していますので、第2章・第3章を先に読んでいただくようにお願いします。

　それでは、さっそく始めましょう！

(注) 株式会社等の社団である会社において、1人の社団構成員（株主等）で成立する会社を、講学上「一人会社（いちにんかいしゃ）」と言います。本書では、発起人（株主）1人、取締役1人で発起人と取締役が同一人である株式会社を、「たったひとりで設立する株式会社」という意味で「ひとり株式会社」と呼び、解説の中心に据えています。これはあくまでも本書における定義としてご理解ください。「一人会社」の定義は「ひとり株式会社」よりも広い場合があり、同一ではないのでご注意ください。

MEMO

株式会社の基礎

株式会社を設立するにしても、「株式会社とは何なのか？」を知らなければ話が進みません。本章では、これから株式会社を設立しようとする人が知っておくべき株式会社の基礎知識を解説します。

株式会社の本質

日本には株式会社が200万社以上あると言われています。みなが知っているようであやふやな、株式会社の本質を解説します。

1 営利を目的とする社団法人

「株式会社とは何か？」という問いに一言で答えるならば、「営利を目的とする社団（法人）」ということになります。シンプルな答えに見えますが、実は重要な意味を持っています。

①営利性

株式会社は**営利事業**を行うことを目的とします。営利事業とは、簡単に言えば「お金儲け」をすることです。株式会社の本質はお金儲けをすることにあります。

②社団性

社団とは、「人の集まり」という意味です。株式会社は「**株主**」という「人」が集まって設立するものです。もっとも、株式会社の株主は現実には一人だけでもよいので、社団性は理念的なものです。

③法人格

法人とは、**自然人**（生きている人間）以外で法律が**権利能力**を認めた存在のこと。権利能力とは、不動産などの財産の所有主体となったり、自身の名で契約を締結したりすることが認められる法的地位のことを言います。

また、株式会社の本質としては、次の2点も重要です。

④事業継続性

　株式会社は自然人と異なり、死亡することがありません。ひとたび設立された株式会社は、将来にわたり、ずっと事業を継続していくことを前提としています。

⑤有限責任

　株式会社が負担する義務や債務について、株主は出資した金銭等を超えて責任を負うことはありません。これを**有限責任の原則**と言います。

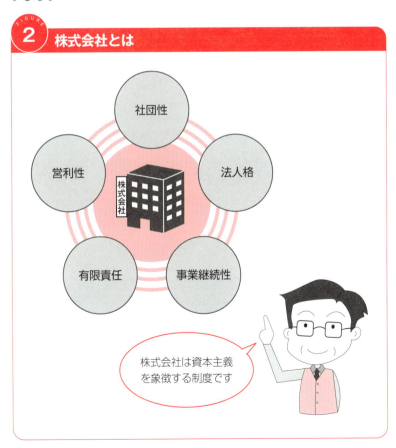

FIGURE 2　株式会社とは

株式会社は資本主義を象徴する制度です

株式会社の組織①

株式会社の人的な要素について解説します。

1 株式会社の組織——株主と取締役——

株式会社は社団性を本質とします。つまり、株式会社は人の集まりです。

株式会社に不可欠な人の要素は、株主と**取締役**です。

・株主とは？

株主とは、株式会社を所有する者（オーナー）です。株主は、出資によって株式を取得し、株式が株式会社の持分となります。株主は、引き受けた株式に対する出資の金額を支払う義務を負いますが、それ以上に、株式会社にかかる金銭の負担を負いません（有限責任の原則）。例えば、株式会社が大きな借金を負い、通常の事業活動でその支払いが不可能となった場合でも、株主に追加の支払い（出資）を求めることはできません。

・取締役とは？

株主は、株式会社の経営を自ら行うことはせず、取締役を選任して、経営を任せます。株式会社の経営者とは、取締役のことであり、株主ではありません。取締役のうち会社の代表者となる取締役を、**代表取締役**と言います。

2 所有と経営の分離

株式会社では、所有と経営が分離していると言われます。それは株主（オーナー）と取締役（経営者）が別々の存在であることを指します。もっとも、株主が自分自身を取締役に選任することも不可能ではなく、そのときには「株主＝取締役」の図式となります。ただし、その場合でも、株主と取締役は法律的にはあくまでも別個の存在です。

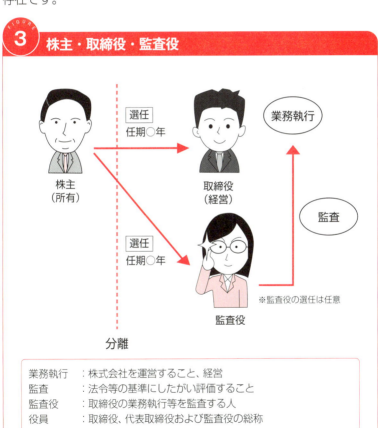

FIGURE 3 株主・取締役・監査役

※監査役の選任は任意

業務執行	：株式会社を運営すること、経営
監査	：法令等の基準にしたがい評価すること
監査役	：取締役の業務執行等を監査する人
役員	：取締役、代表取締役および監査役の総称

株式会社の組織②

株主と取締役はそれぞれ会議体を構成します。

1 株主総会

　株式会社は、株主全員が参加する**株主総会**という会議体を持ちます。株主総会はすべての株式会社に必ず設置される機関です。株主が1名しかいない株式会社であっても、その1名を構成員として株主総会を開催しなければなりません。

　株主総会では、原則としてすべての株主が**議決権**を持ちますが、議決権の数は原則として保有している株式の数に応じて与えられます。

2 取締役会

　株式会社は経営（業務執行）に関する事項を決定する機関として、**取締役会**という会議体を置くことができます。取締役会を置くかどうかは任意ですが、その設置の有無によって、株式会社の性格が大きく変わります。

　取締役会設置会社では、取締役3名、監査役1名を置くことが必須です。つまり、取締役会設置会社では、最少でも必ず役員4名が経営に関与することになります。

株主総会だけの株式会社と取締役会設置会社の違い

	株主総会だけの株式会社	取締役会設置会社
株主総会の決議事項	◎取締役・監査役の選任・解任 ◎計算書類の承認 ◎その他一切の事項	◎取締役・監査役の選任・解任 ◎計算書類の承認 ◎法律・定款で定めた事項
株主総会の決議方法	◎議決権の数による多数決 （原則：1株式1議決権）	
取締役会の決議事項	◎なし	◎業務執行の決定 ◎取締役の職務の執行の監督 ◎代表取締役の選定 …etc.
取締役会の決議方法	◎なし	◎取締役の頭数による多数決
取締役・監査役の人数	取締役1名以上 監査役の設置は任意	取締役3名以上 監査役1名以上

一般的には取締役設置会社の方が規模の大きな株式会社向きです

株式会社の資本金

株式会社には資本金という概念があります。

1 資本金とは？

　株式会社が設立などに際し発行する**株式**に対し、株主から払い込まれた金銭等の出資の全額が原則として**資本金**となります。資本金を解説するのに「株式会社の資金的な基礎」と言う人もいますが、「半分は正しい」という感じです。

　確かに、株式会社の設立直後においては、出資として払い込まれた資本金の金銭が株式会社の資金的な基礎となります。しかし、その金銭はずっと貯めておかなければならないものではなく、事業のために全部使っても構いません。そして、その金銭を使い果たしてしまったあとでも、資本金は0円とはならず、最初の（金銭を使う前の）金額のまま残ります。資本金とは、現実の金銭ではなく、実は株式会社の計算上の概念と言うべきものなのです。

2 何のために資本金はあるのか？

　資本金は、本来的な役割としては、剰余金等の分配可能額の計算においてひとつの基準としての金額を示すものです。詳しい計算方法は省きますが、株式会社が「儲かっているかどうか、いくら儲かっているのか」を図る指標となります。

その他、資本金は下記に示すような役割を持っています。そうすると、「ただの計算上の概念だ」と軽視することはできず、重要な指標として考えなければならないでしょう。株式会社の設立にあたって、資本金の額をいくらにするのかは慎重な検討を要する項目です。

FIGURE 5 資本金の役割

- 剰余金等の分配可能額の計算の基準
- 大会社かどうかの判定
- 中小企業かどうかの判定
- 消費税免税事業者の区分
- 法人住民税の区分
- 設立の登記の登録免許税の課税標準
- 創業融資の額の基準
- 許認可の条件
- 金融機関口座開設の条件 … etc.

↓

重要な指標

資本金の額については66ページも参照してください

株式会社と税金

「株式会社を設立する理由は節税のため」と言う人がいます。株式会社と税金について考えてみます。

1 所得税と法人税

　個人事業を行う場合、その所得は**事業所得**として、事業主個人に対して「**所得税**」が課税されます。一方で、株式会社を設立して事業を行う場合は、株式会社の所得について、株式会社に対して「**法人税**」が課されます。同時に、取締役（経営者）が**役員報酬**を受ける場合には、給与所得として、役員個人に対して「所得税」が課されることになります。

　そうすると、株式会社を設立して事業を行うと、個人事業をしていた場合に比べて、法人税と所得税の二重の課税がされて不利なようにも感じます。しかし、必ずしもそうではありません。

　次ページで示すとおり、個人事業と株式会社で、売上高と必要経費（役員報酬を除く）が同額であるとの条件で考えると、役員報酬は必要経費となり、役員個人は**給与所得控除**を受けられることから、全体としての納税額が小さくなる場合もあります。

所得税・法人税の計算例

● 個人事業

売上（年額）　　　　1,000万円
必要経費（年額）　　　500万円

　　所得税率20%とする

事業所得の金額

売上1,000万円－必要経費500万円＝500万円

所得税の金額

500万円×20%＝<u>100万円</u>

● 株式会社

売上（年額）　　　　　　1,000万円
取締役の報酬（年額）　　　500万円
その他必要経費（年額）　　500万円

　　所得税率20%
　　法人税率20%
　　給与所得控除100万円
　　とする

株式会社の所得金額

売上1,000万円－取締役報酬500万円－その他必要経費500万円
＝0円

（取締役報酬は株式会社の必要経費！）

株式会社の法人税の金額

0円×20%＝<u>0円</u>

取締役の給与所得の金額

500万円－給与所得控除100万円＝400万円

取締役の所得税の金額

400万円×20%＝<u>80万円</u>

（取締役報酬は給与所得控除あり！）

※理屈をわかりやすく解説するため、単純化した設例です。現実の税率や給与所得控除額とは異なりますのでご注意ください。

2 法人住民税

　また、株式会社も個人と同じく、**住民税**（都道府県税および市町村税）が課税されます。このうち、「**均等割**」と呼ばれる金額については、株式会社に所得がなくても（法人税の課税がなくても）必ず課税され、支払わなくてはなりません。この均等割のため、どんなに小規模な株式会社でも、年額最低7万円（都道府県税および市町村税の合計額）の法人住民税が課税されることになります。

　法人住民税（均等割）は、株式会社を設立することで利益がなくても課税されるものであることから、株式会社の設立にともなう明確な負担増と言えるでしょう。

　また、法人住民税には法人税額に応じて課税される分の税額（**法人税割**）もあります。法人税割は均等割と異なり、法人税の多寡によって税額が変わるもので、要するに、儲かっている株式会社ほど多額の税額を課税されることとなります。法人税額が0円であった（つまり利益のなかった）株式会社においては、法人税割も0円となります。

法人住民税の均等割と法人税割

●均等割 （赤字でも課税）

都道府県民税および市町村民税は、資本金の額・従業者数によって次の区分に分けられます。

資本金等の額	都道府県民税均等割	市町村民税均等割 従業者数50人超	市町村民税均等割 従業者数50人以下
1000万円以下	2万円	12万円	5万円
1000万円超 1億円以下	5万円	15万円	13万円
1億円超 10億円以下	13万円	40万円	16万円
10億円超	（略）	（略）	（略）

●法人税割 （黒字のときに課税）

法人が国に納めた法人税額に一定税率を乗じた額が法人税割の税額になります。

都道府県	法人税額×1.0%
市町村	法人税額×6.0%

※事業所の数や規模によっても課税額が異なります。

3 株式会社を設立すると節税になるのか？

「節税のために株式会社を設立したい」と考える方は多いと思います。しかし、節税となるかどうかは、あくまでも事業内容・売上・必要経費等の条件次第と言うよりほかはなく、株式会社を設立すれば常に「節税になる」とは言えません。法人住民税のように、株式会社の設立によって生じる負担増もあります。

税金はあくまでも事業活動の結果に対して、法律に則って課税されるものです。同じ条件のもとでなるべく税金が安くなるよう、法律で認められた範囲内での節税手段を駆使するのは当然のことと思いますが、初めから節税を目的に株式会社を設立するのは、やや本末転倒の感があります。節税のポイントとなる売上等の条件も、株式会社の設立後2～3年経っても同じままとは限りません。

しかし、節税が目的でなくとも、株式会社を設立することでどのような税金がかかるのかについては、事前によく検討しておいたほうがいいでしょう。本書の性格上、株式会社の税金についてあまり細かい解説はできませんので、他の資料等を調べていただくか、税理士等にご相談ください。

株式会社 VS 個人事業

 VS

株式会社	論点	個人事業
必要経費とできる額に上限あり	交際費	必要経費とできる額に上限なし
必要経費とできる範囲に制限なし（原則）	家族への給与	必要経費とできる範囲に制限あり
厳格	決算手続	簡易
高い	税理士報酬	安い

けれども・・・

- 「上限なし」でもすべての飲食費を交際費で経費にできるわけではない（支出と事業との関連性が問われる）
- 勤務実態がない家族に支払った給与は必要経費にできない
- 厳格な決算手続きが株式会社の信用を高めているという側面もある

株式会社と消費税

株式会社の設立によって一定期間は消費税の免税事業者になれる場合があります。

1 株式会社が消費税の免税事業者となる条件

かつての制度のもとでは、資本金1000万円未満の株式会社は、ほぼ無条件に、設立後最長2年間（2事業年度）は消費税の**免税事業者**になることができました。そのため、これをメリットとして、免税事業者である期間をなるべく長く設定しようとする傾向が顕著でした。

しかしながら、現在の税制では次ページのとおり、株式会社の設立後、消費税の免税事業者に該当する期間を必ず2年間（2事業年度）取れるとは言えなくなっています。

2 インボイス制度の導入が状況を変えた

いわゆる**インボイス制度**の導入により、商取引の現場では、取引先から**適格請求書**の発行を求められることがほぼ当然のこととなっています。適格請求書を発行できないことを理由に取引開始を断られたり、必要な市場や入札に参加できなかったりしたら、消費税の免税事業者であることはむしろデメリットになります。適格請求書を発行できるのは消費税の課税事業者のみです。

筆者の私見ですが、インボイス制度導入後の現在においては、株式会社の設立当初からあえて課税事業者となることを選択して取引と売上の拡大を図るほうが、事業の将来にとって得策であると思います。

とはいえ、事業の規模や性質によっては、やはり免税事業者であることを選択したいと考える向きもあることでしょう。その際には下記を参考に、事業年度や役員報酬等の設定を検討してください。

FIGURE 9 免税事業者か課税事業者か

● 株式会社が消費税の免税事業者となる条件

① 資本金の額が 1,000 万円未満
② 基準期間[※1]における課税売上高が 1,000 万円以下
③ 特定期間[※2]における課税売上高又は給与等支払額が 1,000 万円以下

※1 基準期間とは前々事業年度を指します。
※2 特定期間とは前事業年度の開始から6ヶ月間を指します。ただし、前事業年度が 7ヶ月以下の場合は特定期間となりません。

● インボイス制度導入によって

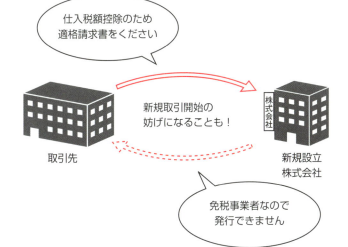

※取引先の条件によって対応は異なる場合があります。

株式会社と健康保険・厚生年金保険

株式会社を設立すると、原則として健康保険・厚生年金保険の加入義務があります。

1 株式会社は健康保険・厚生年金保険の加入義務がある

株式会社は原則として**健康保険**・**厚生年金保険**の加入義務があり、取締役・従業員ともに健康保険・厚生年金保険の被保険者となります。従業員のいない取締役1名だけの株式会社でも同じことで、取締役1名が健康保険・厚生年金保険の被保険者となります。

2 株式会社を設立すると損？

一定の規模以下の個人事業においては健康保険・厚生年金保険の加入が任意であること、健康保険・厚生年金保険の保険料は被保険者個人が負担する保険料のほかに事業主の負担分があることから、株式会社を設立すると負担増となり「損だ」と言う人もいます。

しかしながら、雇われる労働者の側から見たら、健康保険・厚生年金保険にも加入していない事業者は敬遠するのが普通です。人手不足の昨今、人材の募集にも苦労することになるでしょう。事業主（経営者）自身のことを考えてみても、株式会社を設立すれば個人事業では加入することのできなかった健康保険・厚生年金保険の被保険者となることができ、給付等の面で有利なことが多いです。

このように考えると、一概に株式会社を設立すると損だとは言えないように思います。

10 株式会社と社会保険

株式会社
- ●健康保険
- ●厚生年金保険

個人事業主
- ●国民健康保険
- ●国民年金

事業主負担分あり　　事業主負担分なし

ただし必要経費となる！

※社会保険と言う場合に、労働者災害補償保険（労災保険）および雇用保険を含むことがあります。この２つの保険制度は株式会社・個人事業の別、従業員の人数に関わりなく、原則としてすべての労働者について加入義務（事業主が労働者を加入させる義務）があります。

株式会社の信用

株式会社は個人事業と比べて信用が高いと言われています。

1 株式会社の法人格による信用

　一般論として言えば、個人事業よりも株式会社を設立して事業を行うほうが社会的信用は高いです

　個人事業においては財産や負債について、事業上のものと個人生活によるものを明確に区別できないことがあります。株式会社は法人格を持ち、その事業は原則としてすべて株式会社の名義をもって行われます。つまり、株式会社は取締役個人や株主個人と法律的・経済的に切り離され、独立しているのです。それが株式会社の社会的信用を高めている大きな理由です。

2 会計制度の違い

　株式会社の会計処理は、個人事業と比較して、厳格さと普遍性が求められます。普遍性とは、「誰でも理解できるものでなければならない」ということです。

　株式会社は毎事業年度において法定の**計算書類**（**決算書**）を作成することが義務付けられていますが、それらの書類を見れば、株式会社がどのような財務状況にあるのか、どのような営業成績を上げているのかが、一定の基準で理解できるようになっています。このことも、株式会社の信用を高める1つの要因となっています。

3 株式会社の事業継続性による効果

　ひとたび設立された株式会社は、自然人と異なり死亡することがなく、将来にわたり、ずっと事業を継続していくことを前提としています。契約期間が長期わたる取引や、長期のアフターサービスを必要とする事業では、株式会社等の法人でないと事業主体にふさわしくないとの評価を受けることがあります。

　株式会社が事業継続性を持つことも、事業の安定性につながり、個人事業に比べ信用を高めています。

4 株式会社の信用はどのように発揮されるか？

　株式会社の信用の高さを最も実感するのは、銀行等金融機関による融資の場面です。法人格によって独立性を持ち、決算書等の計算書類によって経営状態が客観的に明らかで、安定した継続事業を行う株式会社は、金融機関の担当者としては融資の可否を判断しやすい事業者です。実際のところ、個人事業で融資を受けようとしても、条件的に厳しいことが多々あります。

　国などの制度融資などにおいても、株式会社等の法人のほうが優遇されているか、融資限度額が大きく設定されていることが多いです。

FIGURE 11 株式会社の信用

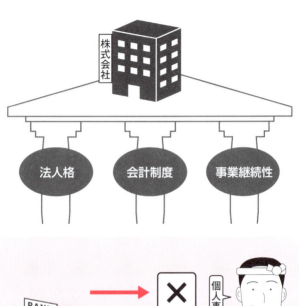

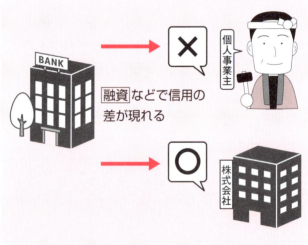

株式会社を設立しなければならない場合

起業等にあたり、株式会社等の法人を設立しなければならない場合もあります。

1 株式会社等の法人の設立理由

下記のような理由により、事実上、株式会社等の法人を設立しなければ事業ができない場合もあります。

①許認可を受けるため

株式会社等の法人でなければ、許認可を受けられない場合があります。介護保険サービスの指定事業者の指定を受ける場合などがそれに該当します。

②フランチャイズ加盟契約等、入札参加資格等のため

次のような事業を行う場合に、法人格を有することが契約締結の条件または入札等の参加資格になっていることがあります。

- フランチャイズの加盟店となる
- 他の企業の代理店となる
- インターネット上のショッピングモールに出店する
- 官民の実施する各種入札に参加する

③制度融資・補助金等を受けるため

　制度融資や補助金等においては、株式会社等の法人のほうが条件面で有利だったり、受けられる金額等が大きかったりする場合があります。必要とする融資または補助金等の金額が、株式会社等の法人でなければ足りない場合には、事実上、株式会社等を設立せざるを得ません。

FIGURE 12　株式会社を設立しなければならない場合

条件は「株式会社であること」ではなく「法人格を有すること（法人であること）」という場合が多いです。

株式会社の組織の選択

株式会社にはさまざまなバリエーションが存在します。設立するのはどのような組織がよいでしょうか？

1 株式会社のバリエーション

株式会社には、第2章・第3章で設立の手続きを解説するひとり株式会社（ミニマムな形態）から、世界の大企業であるトヨタ自動車まで、実に幅広いバリエーションがあります。同じ「株式会社」という名称で括られていますが、当然のことながら、組織形態には大きな違いがあります。

株式会社を設立するに際して、どのような組織の形態を選択するのかは、1つの問題です。法律的な観点としては、「株式の譲渡制限」と「取締役会の設置」が座標軸となります。

2 株式の譲渡制限

株式会社においては、発行する株式の譲渡は自由であるのが原則です。しかし、**定款**に定めることによって、発行する株式の全部または一部に**譲渡制限**を付けることができます。株式の譲渡制限は、定款中に「当会社の発行する株式の譲渡による取得については、株主総会の承認を受けなければならない。」のように定めます（162ページの第7条など）。

発行する「全部」の株式に譲渡制限の設定されている株式会社を**非公開会社**と言い、そうでない会社を**公開会社**と言います。

会社法では、あまり大規模ではない株式会社が組織の運営をしやすいようにさまざまな「特則」を設けていますが、それらの多くは非公開会社であることが条件です。したがって、本書の読者の方が設立する株式会社では、一般的に非公開会社を選択したほうがよいと思います。

FIGURE 13 非公開会社でないと受けられない会社法上の「特則」

	公開会社	非公開会社
取締役会の設置	必須 ・取締役3名以上 ・監査役1名以上	任意 ・取締役1名だけで可
取締役の任期	2年※ ・伸長不可 ・短縮可	原則2年 ・10年まで伸長可 ・短縮可
監査役の任期	4年 ・伸長不可 ・短縮不可	原則4年 ・10年まで伸長可 ・短縮不可
監査の範囲	限定不可	「会計に関するもの」に限定可

※正確には「選任後2年以内に終了する事業年度のうち最終のものに関する定時株主総会の終結の時まで」です。任期の年数は、すべて同じです。

3 取締役会の設置

　もう1つの座標軸は、取締役会を設置するかどうかです。非公開会社では取締役会の設置は任意ですが、それを設置するかどうかで株式会社の性格は大きく異なります。

　18～19ページでも多少説明しましたが、取締役会設置会社では、株式会社の意思決定を株主総会と取締役会が分掌する形態となります。

　一般的に、下記の理由で、株式会社の**ガバナンス**（**企業統治**と訳され、株式会社の適正な運営を確保すること）の機能は、取締役会設置会社のほうが格段に高いです。

①株式会社の意思決定が分掌されること
②複数（3名以上）の取締役が合議により経営に関与すること
③監査役の監査が必須であること

　その一方で、取締役3名・監査役1名の人選は株式会社にとって重い負担でもあります。

　比較的規模が大きく、多数の人が事業に関わる株式会社では、取締役会設置会社を選択したほうがいいでしょう。それに対し、少人数で起業する株式会社や、家族経営の株式会社などでは、取締役会「非」設置会社を選択したほうがいいでしょう。

FIGURE 14 公開会社・取締役会設置会社のマトリックス

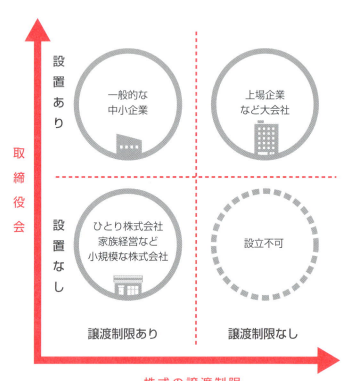

株式会社の設立費用

株式会社を設立するには一定の費用がかかります。

1 株式会社の設立費用

株式会社を設立するには、次ページの費用がかかります。資本金の金額の多寡、電子定款を作成するかどうかで差異がありますので、ご注意ください。

2 司法書士等の専門家に依頼した場合

株式会社の設立手続を司法書士等の専門家に依頼した場合、上記の設立費用とは別に司法書士等の報酬や手数料がかかります。この金額は設立する株式会社の規模や形態等によって異なりますので、依頼しようとする専門家に直接お尋ねください。

3 設立費用は創立費として必要経費にできる

上記❶株式会社の設立費用および❷専門家の報酬等は、株式会社の会計上いずれも創立費となります。創立費は株式会社の設立後に必要経費とすることが可能です。

株式会社の設立費用

項目	条件等	金額
①公証人の定款認証手数料	・資本金の額が100万円未満の場合(注)	3万円
	・100万円以上300万円未満の場合	4万円
	・その他の場合	5万円
②定款（公証人保存原本）に貼付する収入印紙	書面で作成する場合	4万円
	電子定款を作成する場合	0円
③登録免許税	資本金の額×0.7% ただし、最低額15万円	（一般的に）15万円
司法書士等専門家の報酬・手数料		要問い合せ

(注)77ページ参照

設立費用は創立費として必要経費に計上できます

合同会社というもうひとつの選択肢

起業等のために株式会社の設立を検討する場合、もう1つの選択肢として合同会社があります。

1 合同会社という選択肢

株式会社を設立したいと考える人にとっては、**合同会社**という会社も選択肢として検討に値します。

合同会社は平成18年の会社法改正により登場した会社ですが、今やよく知られた存在となっています。株式会社と比較した場合の特徴は次ページのとおりですが、小規模な事業に適した形態であるのは間違いありません。メリットは、なんと言っても設立の費用が安いこと。設立の手続きも公証人による定款認証が不要であるなど、株式会社と比較すると簡単です。

2 選択のポイント

一方で、合同会社では所有と経営の分離が十分ではなく、法律の規定が不十分な部分もあります。出資や経営に数多くの人々がかかわる事業には、明らかに向いていません。定款の規定を十分に整備しておかないと、2〜3人程度の共同事業でも紛争を生じることがあります。

しかし、将来にわたって1人だけで法人経営することを予定している場合、家族経営の場合などには、費用の安さ、手続きの手軽さは魅力的です。株式会社の本質として述べた営利性・社団性・法人格・有限責任（14〜15ページ）という特性は、合同会社も備えています。

一般的な事業で「株式会社ではできるが合同会社ではできない」というものはなく、法人としての機能・存在に基本的に遜色はありません。

事業の規模（関係者の数）や性質などを考えて選択することが必要です。

株式会社と合同会社の違い

	株式会社	合同会社
所有者（オーナー）	株主	社員
経営者	取締役	業務執行社員
所有と経営の分離	明確	不十分
所有者の責任	有限責任	有限責任
公証人による定款認証	要	不要
決算公告	義務	義務ではない
役員の任期	あり	なし
設立費用	最低18万円程度 ※資本金100万円未満 　電子定款作成	最低6万円程度 ※電子定款作成
会社法の規定	十分（定款に定めがない事項でも会社法によって対処可能）	不十分（定款の規定が不十分だとトラブルの可能性）

Column 起業で注意すべきこと

　サラリーマンが株式会社を設立し、脱サラして起業する――それが本書の最もコアな読者の方かもしれません。その方々が最も注意しなければならないことは何でしょうか？　実は「現在勤務している会社」との関係です。

　第一に、サラーマンとして勤務した状態のままで株式会社を設立し取締役に就任すると、「副業」に該当してしまう場合があります。副業を禁止している会社では問題視される恐れがあります。

　第二に、「競業禁止（競業避止）の合意」に抵触する恐れがあります。脱サラ・起業をする場合に、多くの人はサラリーマン時代に身に付けた技術・ノウハウ・人脈等を活かした仕事をしたいと考えることでしょう。そうすると必然的に、元の会社（いま勤めている会社）と競業関係になってしまうことが多いのです。

　「会社を退職した人が、退職した会社と同じ事業をしてはいけない」などという法律があるわけではありません。しかしながら、就職時にあるいは就職後に、「競業禁止の合意書」等に署名している（させられている）ケースが多くあります。または、就業規則にそのような規則が（こっそり）設けられているケースもあります。本人が忘れているケースも多く、トラブルにつながることがあります。

　憲法が保障する職業選択の自由との関係で、あまりに過酷な「競業禁止の合意」は無効とされることもあるのですが、勤務先に無効を認めさせるのも容易なことではありません。起業に際しては、勤務している会社の労働契約および就業規則等をよく確認してください。

　もし、脱サラする会社との間に「競業禁止の合意」がされていた場合、まずは勤務先の会社と話し合ってみる必要があります。また、あまりに酷い内容の合意であった場合には、弁護士にも相談してみましょう。

MEMO

株式会社設立の手続き
(会社法)

　本章からは、ひとり株式会社の具体的な設立手続きを解説します。まずは設立の登記の申請の「前」の会社法上の手続きについてです。

はじめに
—ひとり株式会社の設立手続き—

それではいよいよ、ひとり株式会社の具体的な設立手続きの解説を開始します。

1 「株式会社を設立する」とは？

序章で述べたとおり、本書の目的は「株式会社の設立手続き」を解説すること、そしてその解説は、ひとり株式会社（発起人1名、取締役1名で発起人と取締役が同一人）にターゲットを絞って行います。

株式会社は、その本店の所在地において設立の登記をすることによって成立します（会社法49条）。つまり、「設立の登記をすること」こそが「株式会社を設立すること」を意味します。

しかし、株式会社の設立の登記は、いきなり**登記所**（**法務局**）に出向いて窓口で「登記をしてください」と頼んでもしてもらえません。会社法という法律が定める一連の手続きを踏み、必要な書類を作成して、初めて設立の登記をすることができます。

2 準則主義

株式会社の設立（登記）に至るまでに必要な手続きは会社法に定められています。そして、この手続きさえきちんと行えば、誰でも株式会社を設立することができます。原則として手続き以外の要件（法律上の条件）はなく、株式会社の設立のための特別な許可や免許は必要としません。

これを**準則主義**といいます。株式会社の設立にあたって重要な考え方です。

株式会社設立の「一連の手続き」とは？

株式会社設立のために必要な一連の手続きとは、具体的にどのようなものでしょうか。

1 株式会社の設立の具体的手続き

ひとり株式会社の設立のための具体的な手続きは、次ページ上段の「ひとり株式会社設立手続きの一覧（原則）❶～❽」のとおりです。これは会社法に規定されたとおりの手順です。

しかし、実務的には、これらの手順のうち「❸設立時発行株式に関する事項の決定、❺発行可能株式総数の定め、❻設立時取締役の選任」は、「❶定款の作成」に際してまとめて行うことができます。

つまり、ひとり株式会社の設立手続きは、実務的には、次ページ下段の「ひとり株式会社設立手続きの一覧（実務）①～⑤」にまとめることができます。

2 登記の申請「前」の手続きと登記申請手続き

一連の手続きのうち、ゴールは「設立の登記の申請」にあります。そして、「設立の登記の申請」の「前」の手続きは、いわばゴールに向けた準備の手続きです。

本書では、株式会社の設立のゴールの前後で分け、本章（第2章）ではゴール前の会社法上の諸手続き、次章（第3章）でゴールである設立の登記の申請手続きを解説します。このように章を分けて解説する理由は、登記の前後でやや性質の異なる手続きとなるからです。

FIGURE 18 ひとり株式会社設立手続きの一覧

ひとり株式会社設立手続きの一覧（原則）

❶定款の作成

❷定款の認証

❸設立時発行株式に関する事項の決定

❹出資の払込み

❺発行可能株式総数の定め

❻設立時取締役の選任

❼設立時取締役による調査

❽設立の登記の申請

ひとり株式会社設立手続きの一覧（実務）

①定款の作成

・設立時発行株式に関する事項の決定

・発行可能株式総数の定め

・設立時取締役の選任

②定款の認証

③出資の払込み

④設立時取締役による調査

⑤設立の登記の申請

※これらはいずれも「発起設立」の手続きを示したものです。「募集設立」の説明は省きます。また、現物出資はない前提です。

読者のみなさまは、まずは本章（第2章）でゴール前まで迫ってください。そして次章（第3章）で見事ゴールを決めてください。

FIGURE 19　会社法の手続きと設立の登記の申請手続き

3　書面（紙）での手続きを中心に

　現在、株式会社の設立および登記申請の手続きについてはデジタル化が進んでおり、定款をはじめとする文書を**電子文書**（PDFファイルなど）で作成したり、定款の認証や登記の申請手続きについてオンライン申請をしたりすることができるようになっています。本書では、「誰でも株式会社の設立の手続きができる」ことを主眼としているため、書面（紙）での手続きを中心に解説します。登記オンライン申請および電子定款については、「第4章　応用編」にまとめていますので、興味のある方はそちらをお読みください。

　また、本書で紹介する書面はダウンロードサービスで書式を取得できるようになっています。どうぞご活用ください。

20 株式会社の設立手続きのデジタル化

便利さでは
デジタル手続き

「誰でもできる」のは
書面（紙）手続き

電子定款

定款

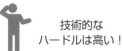

技術的な
ハードルは高い！

本書では書面（紙）の手続きを中心に！

 書式はダウンロードサービスで

https://www.shuwasystem.co.jp/support/7980html/7302.html

発起人の役割

株式会社の設立の手続きにおいて、発起人は不可欠な存在です。発起人の意義と役割を解説します。

1 株式会社の設立手続きの中心的役割を果たす

発起人は株式会社の設立手続きにおいて中心的役割を果たします。51ページ下段「株式会社設立手続きの一覧（実務）」に掲げる手続きのうち、①定款の作成、②定款の認証および③出資の払込みまでの手続きは、発起人が行います。その後、**設立時取締役**にバトンタッチし、設立時取締役が④設立時取締役による調査および⑤設立の登記の申請を行います。

2 発起人の資格・人数など

発起人となるのに特別な資格は必要ありません。自然人（生きている人間という意味）のほか、法人も発起人となることができます。ただし、本書では自然人が発起人となる場合に限って解説します。

法律上、発起人は1名以上が必要ですが、ひとり株式会社では当然に1名です。

また、法律上、発起人は株式会社の設立に際して発行する株式（**設立時発行株式**）を最低1株は引き受ける（出資の払込みを約束する）必要があります。ひとり株式会社の発起人は1名だけなので、設立時発行株式の全部を引き受けなければなりません。

21 発起人と設立時取締役

株式会社の設立へ！

④ 設立時取締役の調査
⑤ 設立の登記の申請

① 定款の作成
② 定款の認証
③ 出資の払込み

ひとり株式会社では発起人と設立時取締役が同一人なので
バトンタッチは同一人の間で行われます

3 株式会社設立後の発起人

　株式会社の設立の手続きが完了すると、発起人はその役割を終えます。しかし、発起人は設立時発行株式を引き受け出資するので、株式会社の設立後は株主となります。

FIGURE 22 発起人と株主

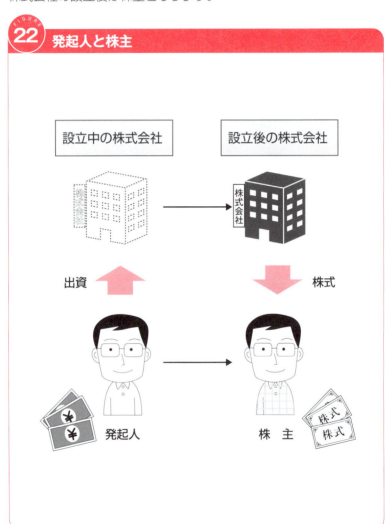

定款の作成① ― 作成者と記載事項

定款は具体的にどのように作成するのか、ポイントを解説します。

定款とは？

定款とは、株式会社の基本的な組織等の内容を定めた規則です。株式会社を設立するには、まず定款を作成しなければなりません。

・定款は誰が作成するのか

定款は発起人が作成します。発起人が複数いる株式会社では、その全員が定款の内容に合意して作成しなければなりません。

・定款には何を書くのか

定款に書くべき内容は会社法に定められており、その記載事項によって次のページに示す分類があります。

23 定款の記載事項の分類

●絶対的記載事項
（この定めがないと定款全体が無効になる事項）
目的
商号
本店の所在地
設立に際して出資される財産の価額またはその最低額
発起人の氏名または名称および住所

●相対的記載事項
（定款に定めないと効力が生じない事項）
株式の譲渡制限に関する定め
株券の発行
取締役会の設置
監査役の設置
取締役等の任期の伸長　…etc.

●任意的記載事項
（その他の事項）
定時株主総会の招集時期
取締役等の人数
事業年度　…etc.

2 「定款記載例」を利用する

　絶対的記載事項以下、定款の記載内容は難しく感じるかもしれません。しかし、実務的には定款の書式等を利用し、必要事項を「穴埋め」して作ることで、比較的簡単に作成することができます。定款は、一から全文を書く必要はないのです。

　日本公証人連合会がホームページ上で公開している「**定款記載例**」は無料で利用でき、また最も権威があります。PDFファイルやrtfファイル（書式付きテキストファイル）でダウンロードもできるので、利用している人が多いです。

　本書に掲げた定款記載例（160ページ～）も、日本公証人連合会の定款記載例に準拠（一部変更）して作成しています。本書の定款記載例は、ダウンロードサービスから取得することができますので、本書の読者はこちらを利用してください。

FIGURE 24 定款の作成

書式はダウンロードサービスで
https://www.shuwasystem.co.jp/support/7980html/7302.html

定款の作成②
― 定款記載例の利用方法

日本公証人連合会の定款記載例のうち「1 小規模な会社」に準拠した定款を使って、実際の定款の作成を解説します。

1 ひとり株式会社の定款

巻末付録・定款記載例「①ひとり株式会社」（160ページ〜）に、「株式会社秀和」の定款を掲げています。この定款は、日本公証人連合会の定款記載例のうち「1 小規模な会社」に準拠（一部変更）しています。

株式会社秀和は、発起人1名、取締役（代表取締役）1名で発起人と取締役が同一人のひとり株式会社です。そして、取締役会を設置しない取締役会非設置会社です。

2 定款の具体的な作成方法

株式会社秀和の定款のうち、太字で書いた部分は各株式会社において変更すべき部分です。赤字で書いた部分は解説ですので、最終的には削除してください。太字でも赤字でもない部分は、まったく変更できないわけではありませんが、会社法についての十分な知識が必要ですので、いじらない（削除も変更もしない）ほうが無難です。

書式は、ダウンロードサービスの「定款記載例①ひとり株式会社（株式会社秀和)」のファイルを使用してください。

定款の作成③
― その他のポイント

巻末付録・定款記載例の書式中には赤字で解説を付けましたが、そこで説明しきれなかった定款作成のポイントを紹介します。

1 商号（第1条）の注意点

書式中に解説した形式的な要件（使用できる文字など）を満たせば、株式会社がどのような商号を選定するのかは、原則として自由です。しかし、以下のような場合には、他者との関係において商号の使用の制限を受けることがあります。

①不正の目的をもって、他の会社であると誤認されるおそれのある商号を使用した場合（会社法第8条）

②広く認識された商号等（類似する商号を含む）を用いることで他人の営業と混同させることとなる場合、あるいは著名な商号等（類似する商号を含む）を使用した場合（不正競争防止法第2条）

このような商号を使用すると、第三者から侵害の停止（具体的には商号の使用の差止め等）を請求されることがあります。

窮屈な規制に見えますが、要は他人の商号、有名・著名な商号等と「かぶらない」ように商号を選定してほしいということです。株式会社の設立にあたっては、オリジナリティのある商号を選定するようにしましょう。

商号の選定にあたっては、下記のサイトなどで、同一または類似の商号・商標が使用されていないかを確認しておくことをお勧めします。

25 商号選択の注意点

商号使用差止請求を受けるおそれ！

- 他の会社と誤認（不正の目的）
- 有名な商号等と類似・同じ

●商号調査に役立つサイト

国税庁事業者番号公表サイト
https://www.houjin-bangou.nta.go.jp/

登記情報提供サービス ＜商号の検索は無料＞
https://www1.touki.or.jp/

特許情報プラットフォーム ＜商標の検索＞
https://www.j-platpat.inpit.go.jp/

事前に検索することをおススメします

目的（第2条）の注意点

　株式会社において、定款に規定された目的（登記された目的）が重視されるのは、主に次の場合です。

①許認可（営業許可等）を要する業種の場合

　例えば、株式会社において建設業の許可を受けようとする場合、目的として「建築・土木工事の施工及び請負」「設備工事の施工及び請負」など、受けようとする許可の事業が目的に定められていることが必要です。

②融資を受ける場合

　株式会社の事業に関して融資を受ける場合、金融機関から、その事業が目的に記載されていることを求められます。

③フランチャイズ店・代理店等の事業をする場合

　株式会社が飲食店等のフランチャイズチェーンに加盟して営業を行う場合や、損害保険の代理店事業を始める場合など、契約の相手方（フランチャイズ本部など）から、その事業を行うための目的の記載を求められることがあります。

　上記のような場合、株式会社の設立前に許認可を管轄する官庁、金融機関、契約の相手方等に、目的の記載事項が適当であるかどうかを確認しておくほうがいいです。

目的の注意点

許認可を要する
業種の場合

融資を受けようと
する場合

フランチャイズ店などの
事業をする場合

「対象事業」が目的に
記載されていますか？
事前に官庁・金融機関・契約
相手等に確認を取りましょう！

3　出資する財産（第26条）の注意点

　株式会社の設立にあたり出資する財産は、金銭のほか、動産や不動産などの「**現物**」を対象とすることも、法律上可能ではあります。しかしながら、現物を出資の対象とする（現物出資する）のは避けたほうが無難です。設立の手続きが非常に複雑になる場合等があるからです。

設立後の株式会社において使用する土地・建物、車両、機械・器具および事務用品など(発起人が所有するもの)については、現物出資をしなくても、発起人(株式会社設立後は株主)との間で賃貸借または使用貸借することができます。また、一定の手続きを経ることで、設立後の株式会社がそれら動産または不動産を買い受けることも可能です。

以上の理由で、本書では出資の目的である財産を金銭に限る(現物出資はしない)ものとして解説しています。

FIGURE 27　出資する財産の注意点

4 資本金の額（第27条）をいくらと定めるか？

　株式会社の設立に際し、発起人が出資する財産の原則として全額が資本金の額となります。言い換えると、出資する財産の金額を上限として資本金の額を定めます。

　株式会社の設立時における資本金の額は、1円以上で上限はありません。上限はないと言っても、上記のとおり出資する財産の金額に縛られますので、限界はあります。

　資本金は、第1章（20～21ページ）で説明したような役割があり、その金額をいくらと設定するのかは重要な問題です。少なくとも、設立直後の株式会社には原則として資本金相当額の金銭しかなく、当面の必要経費はその金銭から支払うことになります。株式会社の設立費用（実費）だけでも最低18万円程度（資本金の額が100万円未満で電子定款を作成する場合。42ページ参照）はかかるのですから、資本金の額が「1円」の会社など、いかがなものかと思います。そのような株式会社も設立可能であるとはいえ、まじめに事業をするつもりがあるのかと疑われてしまいます。昨今は金融機関口座の開設に資本金の額が影響することもあるようですので、あまり資本金の額が小さいのは考えものです。

　一方で、資本金の額は課税の区分にもなりますので、不必要に大きくするのも、また問題です（資本金の額が大きいほど税金が高くなることが多いのです）。差し当たって、資本金の額は1000万円を超えないようにしたほうがいいでしょう。

28 資本金の額の注意点

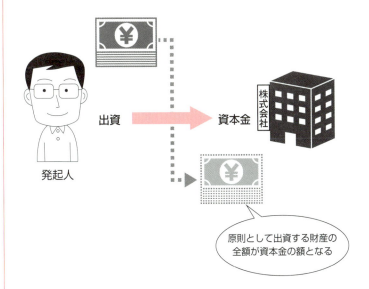

- 資本金の額の金銭を会社に貯めておかなければならないわけではない
- 資本金の額がさまざまに影響する（税金・創業融資・口座開設など）

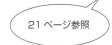

定款の記名押印

定款作成の仕上げとして、発起人が定款に記名押印をする必要があります。

1 記名押印前に公証人に内容の確認を

　ここまでの解説にしたがって作成した定款には、発起人が記名押印をする必要があります。しかしその前に、定款の**認証**（75ページ〜）を受けようとする**公証人**に内容の確認をしてもらいましょう。

　公証人には電話で連絡をし、定款の認証を希望する旨および定款の内容の確認を受けたい旨を伝えましょう。その後、電子メールまたはファックス等で公証人に定款の原稿を送ります。

　なお、公証人のいる役場を**公証役場**と言います。公証役場の所在地・電話番号等は、日本公証人連合会のホームページで検索して確認してください。

公証役場の所在地・電話番号は日本公証人連合会のホームページで
https://koshonin.gr.jp/

公証人による事前確認は必須の手続きではありませんが、事前確認を受けずにいきなり定款認証手続きを開始した場合、定款の内容に間違いや不都合があると、修正・訂正などで面倒な手続きを踏まなければならないことがあります。

2 定款の印刷方法・綴じ方・押印する印鑑・記名押印の方法・通数

　定款はA4版の用紙に片面印刷するのが普通です。内容の分量的に数ページにわたりますので、左端を2か所程度ホチキス止めして、冊子の形式にします。

　押印は、発起人個人の実印で行います。次ページの図解のとおり、定款末尾の発起人の記名の横に押印し、全ページのつづり目に契印（割印）をします。ひとり株式会社では発起人1名ですが、複数の発起人がいる株式会社では、発起人全員が同様に押印します。

　定款は、印刷し記名押印したもの（同じもの）を3通作成します。1通は公証人保存用原本、1通は会社保存用原本、もう1通は設立の登記の申請の添付書類とするための謄本となります。

29 定款の記名押印等

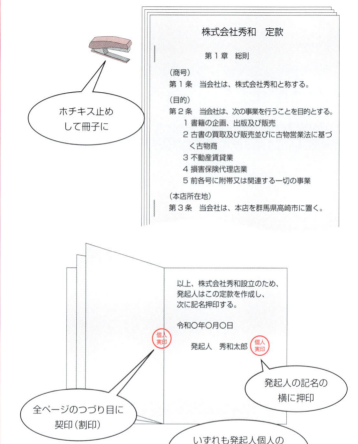

実質的支配者申告書を作成する

定款の認証を受ける際には実質的支配者申告書が必要となります。

1 実質的支配者申告書

株式会社の定款の認証を受ける際には、その株式会社の**実質的支配者**となるべき者の申告書（**実質的支配者申告書**）の提出が必須です。

株式会社の実質的支配者とは、次ページに示すとおりです（法人が発起人となる場合の説明は省略しています）。

次のページの❶〜❹は順次「それに該当する者がいなければ」の関係になります。小規模な株式会社では、ほとんど❶か❷に該当するでしょう。ひとり株式会社では、発起人（株主）が1名（議決権を100％有する）ですので、当然、❶に該当します。

「暴力団員該当性」の欄が「該当」である（実質的支配者が暴力団員等である）ことは通常ないでしょうが、万一、「該当」である場合には、定款の認証の可否について、担当する公証人とよく相談してください。「非該当」である場合には何の問題もありません。

FIGURE 30 実質的支配者の判定

❶ 議決権の総数の50％を超える議決権を有する自然人

 該当する者がいなければ

❷ 議決権の総数の25％を超える議決権を有する自然人（複数いるときはその全員）

 該当する者がいなければ

❸ 出資、融資、取引その他の関係を通じて事業活動に支配的な影響力を有する自然人

 該当する者がいなければ

❹ 代表取締役（複数いるときはその全員）

小規模な株式会社では、ほとんど①か②に該当するはずです。

2 実質的支配者申告書の記載事項

　実質的支配者申告書の記載事項は、次ページのとおりです。本書の印刷では非常に文字が小さいので、詳細はダウンロードサービスから「実質的支配者申告書の記載例」を取得してお読みください。

　株式会社秀和においては、発起人（株主）は秀和太郎1名であり、すべての議決権を有している（前ページの表で①議決権の総数の50%を超える議決権を有する自然人に該当する）ので、秀和太郎を「実質的支配者となるべき者」として申告します。

　実質的支配者となるべき者については、運転免許証またはマイナンバーカード等の写真付きの本人確認書類の写し（コピー）を添付する必要があります。

　この実質的支配者申告書についても、定款の内容について事前の確認を受ける際（68ページ）に、同時に公証人に確認してもらった方がよいでしょう。

FIGURE 31 実質的支配者申告書の記載事項

ひとり株式会社ではここにチェック

分からない場合は公証役場に確認

実質的支配者となるべき者の申告書（株式会社用）

（公証役場名）
群馬　公証役場　　　　　　　　　**認証担当公証人**　法務一郎　　　　　　殿
（商号）　株式会社秀和

の成立時に実質的支配者となるべき者の本人特定事項等及び暴力団員等該当性について、以下のとおり、申告する。

令和○年○月○日

定款認証手続きをする発起人の住所・氏名

■ 嘱託人住所　　　　　　　　　　　　　　　■ 嘱託人氏名（記名又は署名）
群馬県高崎市○○町１００番地１　　　　　　　秀和太郎

実質的支配者となるべき者の該当事由（①から④までのいずれかの左側の□内に✓印を付してください。）(※1)

☑ ❶ 設立する会社の議決権の総数の５０％を超える議決権を直接又は間接に有する自然人となるべき者（この者が当該会社の事業経営を実質的に支配する意思又は能力がないことが明らかな場合を除く。）：犯罪による収益の移転防止に関する法律施行規則（以下「犯収法施行規則」という。）１１条２項１号参照

☐ ❷ ❶に該当する者がいない場合は、設立する会社の議決権の総数の２５％を超える議決権を直接又は間接に有する自然人となるべき者（この者が当該会社の事業経営を実質的に支配する意思又は能力がないことが明らかな場合又は他の者が設立する会社の議決権の総数の５０％を超える議決権を直接又は間接に有する場合を除く。）：犯収法施行規則１１条２項１号参照

☐ ❸ ❶及び❷のいずれにも該当する者がいない場合は、出資、融資、取引その他の関係を通じて、設立する会社の事業活動に支配的な影響力を有する自然人となるべき者：犯収法施行規則１１条２項２号参照

☐ ❹ ❶、❷及び❸のいずれにも該当する者がいない場合は、設立する会社を代表し、その業務を執行する自然人となるべき者：犯収法施行規則１１条２項４号参照

実質的支配者となるべき者の本人特定事項等(※2、※3)　　暴力団員等該当性(※4)

住居	群馬県高崎市○○町１００番地１	国籍等	日本・その他 (※5)（　　）	性別	男・女 (※6)	(暴力団員等に) 該当
		生年月日	(昭和)・平成・西暦 ６０年６月６日生	議決権割合	100% (※7)	
氏名	フリガナ シュウタロウ 秀和太郎	実質的支配者該当性の根拠資料	定款・定款以外の資料・なし (※8)			非該当

該当事由が議決権割合の場合は定款にマル

住居		国籍等	日本・その他 (※5)（　　）	性別	男・女 (※6)	(暴力団員等に) 該当
		生年月日	(昭和・平成・西暦)	議決権割合	％ (※7)	
氏名	フリガナ	実質的支配者該当性の根拠資料	定款・定款以外の資料・なし (※8)			非該当

住居		国籍等	日本・その他 (※5)（　　）	性別	男・女 (※6)	(暴力団員等に) 該当
		生年月日	(昭和・平成・西暦)	議決権割合	％ (※7)	
氏名	フリガナ	実質的支配者該当性の根拠資料	定款・定款以外の資料・なし (※8)			非該当

※1　❶の５０％及び❷の２５％の計算は、次に掲げる割合を合計した割合により行う（犯収法施行規則１１条３項）。
　(1) 当該自然人が有する当該会社の議決権の当該会社の議決権の総数に占める割合
　(2) 当該自然人の支配法人（当該自然人がその議決権の総数の５０％を超える議決権を有する法人をいう。この場合において、当該自然人及びその一若しくは二以上の支配法人又は当該自然人の一若しくは二以上の支配法人が議決権の総数の５０％を超える議決権を有する他の法人は、当該自然人の支配法人とみなす。）が有する当該会社の議決権の当該会社の議決権の総数に占める割合

※2　「住居」、「氏名」欄には、❶の場合は、該当する者１名を記載し、❷から❹までの場合は、該当者全員を記載する。

※3　犯収法施行規則１１条４項によって、１項２号ロ及びイの子が法人の場合にも適用される。上記自然人の「住居」、「氏名」欄に、その「住所」、「氏名」を記載する。

※4　実質的支配者となるべき者が暴力団員（暴力団員による不当な行為の防止等に関する法律２条６号）、国際テロリスト（国際連合安全保障理事会決議第1267号を踏まえ我が国が実施する財産の凍結等に関する特別措置法３条１項の規定により公告されている者として（同法第４条第１項の規定による指定を受けている者）又は暴力団員規制法関係の「国際連合安全保障理事会決議第1267号等を踏まえ我が国が実施する財産の凍結等に関する特別措置法３条第２項の規定により公告されている者」のいずれにも該当しない場合には、「暴力団員等該当性」欄の「非該当」を○で囲み、いずれかに該当する場合には、「該当」を○で囲む。なお、該当する選択肢を○で囲むことに代えて、実質的支配者となるべき者が作成したその旨の表明保証書を提出することも可能である。

※5　「国籍等」欄は、日本国籍の場合は「日本」を○で囲み、日本国籍を有しない場合には「その他」を記載の上その国名を（　）内に記載する。

※6　「性別」欄は、該当するものを○で囲む。

※7　「議決権割合」欄は、❶及び❷の場合のみ記載する。

※8　「実質的支配者該当性の根拠資料」欄は、該当するものを○で囲み、定款以外の資料がある場合には、その原本又は写しを添付する。また、実質的支配者となるべき者の本人特定事項が明らかとなる資料も添付する（自然人の場合には、運転免許証、旅券、個人番号カード（マイナンバーカード）、在留カードの写し等、法人の場合には、全部事項証明書及び印鑑証明書の原本又は写し）。

実質的支配者となるべき者が３名を超える場合は、更に申告書を用いて記入してください。

※押印不要

定款の認証

記名押印し完成した定款は公証人の認証を受けます。

1 どこの公証人(公証役場)の認証を受けるのか？

　発起人は完成した定款に公証人の認証を受けます。株式会社の設立時における定款の認証には管轄があり、「株式会社の本店の所在地を管轄する法務局または地方法務局に所属する公証人」でなければ認証はできません。具体的には定款第3条（本店）の記載により管轄法務局または地方法務局が定まり、それによって認証できる公証人が決まります。

　東京都には非常に多くの公証役場がありますが、都内を本店所在地とする株式会社では、都内にある公証役場の公証人であればどこでも定款の認証が可能です。例えば、東京都八王子市を本店所在地とする株式会社でも、銀座公証役場の公証人が定款の認証をすることができます。この関係は他の府県でも同じ（府県の範囲を基準に同一府県内の公証人であればOK）ですが、北海道だけは、道内で法務局および地方法務局が札幌・函館・旭川・釧路と4つに分かれているので、注意が必要です。法務局および地方法務局の管轄は、法務局のホームページで検索して確認してください。

法務局・地方法務局の管轄は法務局のホームページで
https://houmukyoku.moj.go.jp/homu/static/index.html

2 定款認証を受ける手続き

　認証を受けようとする公証人（68ページの定款内容の事前確認を受けた公証人）にアポイントを取り、指定日時に公証役場に出向きます。その際、次ページに示す書類を持参します。なお、ひとり株式会社では発起人が1名ですが、発起人が複数いる場合の対応は、第4章132ページをお読みください。

　定款の内容、作成方法（押印等）、添付書類等に問題がなければ、公証役場に出向いた当日中に、公証人の認証文が付された定款原本（会社保存用）1通、謄本としての公証人の認証文が付された定款謄本1通、「申告受理及び認証証明書」1通が交付されますので、持ち帰ります。このうち定款謄本1通を、第3章で解説する設立の登記の申請手続きに使用します。定款原本（会社保存用）と申告受理及び認証証明書は設立の登記の手続きには使用しませんが、大切に保管しておいてください。株式会社の設立後、金融機関で口座を作る際など、様々な場面で提示を求められます。

3 公証人の手数料

　公証人による株式会社の定款の認証には手数料がかかります。金額は次ページのとおりですが、定款内容の事前確認の際に公証人に金額を聞けば教えてくれるでしょう。現金で（おつりのないように）準備して行くか、クレジットカード決済で支払います。バーコード決済や電子マネー等は現在のところ使用できません。

32 定款の認証を受ける手続き

公証役場に持参する必要書類等

①記名押印した定款3通
②発起人の個人の印鑑証明書1通（発行から3ヶ月以内）
③収入印紙4万円（貼り付けないで持参）
④実質的支配者となるべき者の申告書1通
⑤実質的支配者の運転免許証またはマイナンバーカードのコピー1通

・定款に修正・訂正が必要な場合に備え個人実印も持参する
・運転免許証またはマイナンバーカードの原本も持参する

定款の認証手続きの後

● 公証人の認証文が付された定款原本（会社保存用）1通・謄本1通を受領する
● 申告受理及び認証証明書1通を受領する

公証人の定款認証手数料

❶ 資本金の額が100万円未満　　3万円（注）
❷ 100万円以上300万円未満　　4万円
❸ 上記以外の場合　　　　　　　5万円

・定款謄本の手数料は1枚（1通ではない）250円
　定款が全5ページの場合、定款謄本の手数料は1通1,250円

(注)令和6年12月1日から、次の①〜③の要件を全部満たす株式会社は1万5000円となります。①発起人が自然人3名以内、②発起設立、③取締役会非設置会社。

公証人による定款の認証文の例

令和○年登簿第○○号

定款認証

嘱託人は、本職に対し、設立される法人の実質的支配者となるべき者が秀和太郎である旨及び同人が暴力団員等でない旨を申告した。——

嘱託人は、本職の面前において、自己の記名押印を自認する旨を陳述した。——

よって、この定款を認証する。

　令和○年○月○日　本公証人役場において
　○○県○○市○○町９９９番地９
　○○地方法務局所属
　　公証人　法務　公男　[印]

> A4の用紙で定款の最終ページの後に付されます

定款の謄本の認証文の例

この謄本は、令和○年○月○日、本公証人役場において原本に基づき作成した。
　○○県○○市○○町９９９番地９
　○○地方法務局所属
　　公証人　法務　公男　[印]

> 上記定款の認証文の下部に、さらに次の認証文が付記されます

10 出資の払込み

定款を作成したら発起人は出資を払い込みます。

1 出資の払込みとは？

　発起人は、定款を作成したら、51ページ下段「株式会社設立手続きの一覧（実務）」に掲げる手続きのうち③出資の払込みの手続をします。出資の払込みとは、定款で定めた設立時発行株式に関する事項（166ページ定款第26条）に従い、その金額の全額を株式会社の設立のために支払うことを指します。

2 出資はどこに払い込む？

　出資は発起人個人の名義の金融機関の預貯金口座に払込みをします。発起人がすでに保有している既存の口座が使えるので、新たに専用の金融機関口座を作る必要はありません。ちなみに、新たに設立する株式会社の名義の金融機関口座は、この時点では（株式会社の設立前には）作れませんので、誤解のないようにしてください。

　出資は、金融機関口座にその金額の「残高がある」だけでは足らず、その金額を「入金した」という「金銭の動き」が必要です。

3 出資はいつ払い込むか？

　出資は定款の作成後であれば、定款の認証前であっても払い込んでOKです。定款の作成前（設立時発行株式に関する事項の決定前）でもよいとする取り扱いもありますが、やや問題もありますので、定款の作成日以後に払込みを行うようにしてください。

FIGURE 35　出資の払込み

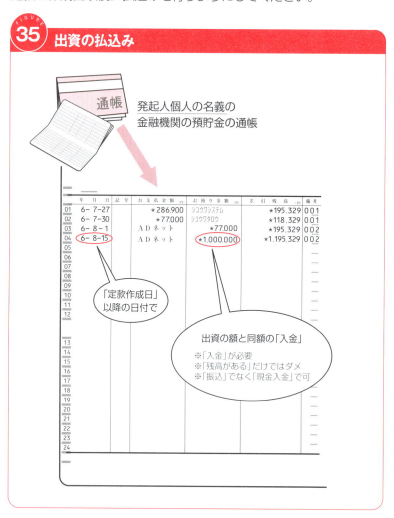

設立時取締役の就任承諾書の作成

設立時取締役は選任しただけでは就任したことになりません。

1 選任と就任承諾

　設立時取締役は定款に定めることで発起人が選任しますが、設立時取締役の側でも就任を承諾しなければ、その選任は完結しません。ひとり株式会社においては、選任する発起人と選任される設立時取締役が同一人なので、わざわざ就任承諾をするまでもないとも考えられますが、「所有（発起人＝株主）と経営（取締役）が分離している」のが株式会社の大原則であり（17ページ）、大した手間がかかるわけでもありませんので、**就任承諾書**を作成した方がいいでしょう。

2 書式と押印する印鑑

　就任承諾書の書式は次ページのとおりです。この就任承諾書には、設立時取締役の個人実印の押印が必要です。書式はダウンロードサービスから取得できます。

36 就任承諾書

就任承諾書

　私は貴社の設立時取締役に選任されたので、その就任を承諾します。

令和○年○月○日 ― 定款作成の日以後で、払込証明書作成日以前の日（同日でも可）

　　群馬県高崎市○○町100番地1
　　設立時取締役　秀和太郎 （個人実印）

　　株式会社秀和　御中

設立時取締役の調査と払込証明書の作成

設立時取締役は会社法で定められた事項について調査をしなければなりません。

1 設立時取締役の調査

設立時取締役は就任後、次の事項を調査します（現物出資はしない前提です。64〜65ページ）。

①出資の履行が完了していること

具体的には出資の払込みをした金融機関口座の通帳で完了を確認します。

②株式会社の設立手続きが法令または定款に違反していないこと

公証人の認証を受けた定款その他、株式会社設立のために作成した書類等を確認することで行います。

もっとも、ひとり株式会社では発起人と設立時取締役が同一人ですので、調査といっても形式的なものに止まり、次の**払込証明書**の作成が残された最後の仕事となります。

2 出資の払込みを証する書面（払込証明書）

設立時取締役は、出資の履行が完了していることを調査・確認した後、出資の払込みを証する書面（払込証明書）を作成します。

払込証明書の書式は次のとおりです。この書面と、発起人が出資の払込みをした金融機関口座の通帳のコピー（通帳の表紙、金融機関名・支店名・口座番号・名義人名が記載されているページ、払込みの入金が記載されているページ）をホチキス等で1通につづり合せます。押印は不要です。

払込証明書の書式は、ダウンロードサービスから取得することができます。

払込証明書

払込証明書

　当会社の設立時発行株式については、以下のとおり、全額の払込みがあったことを証明します。

　　　　設立時発行株式数　　100株
　　　　払込みを受けた金額　金100万円

令和○年○月○日

　　　　群馬県高崎市○○町100番地1
　　　　　株式会社秀和
　　　　　設立時代表取締役　秀和太郎

※押印不要

38 払込証明書のつづり方

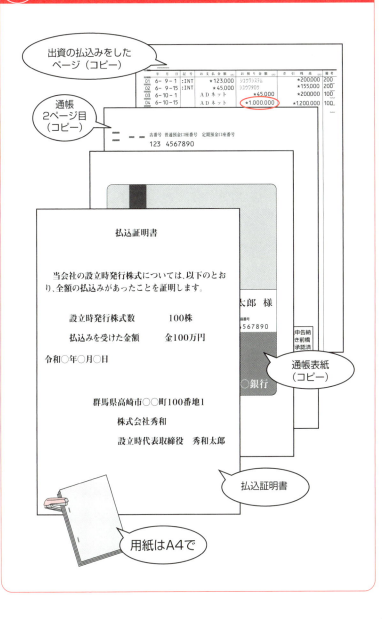

Column
押印は必要？ 不要？

現在、多くの行政手続きにおいて「印鑑廃止」の流れにあります。会社の登記申請手続きにおいても、押印を不要とする書類が多くなりました。ただ、一方で押印を省略できない書類もあり、押印が必要な書類・不要な書類が混在して、かえってわかりにくくもなっています。

例えば、本書で解説する株式会社の設立手続きにおいても、登記申請書、設立時取締役の就任承諾書（取締役会非設置会社の場合）などは押印を省略できません。それに対し、払込証明書は押印を省略できます。同じ設立時取締役の就任承諾書でも、取締役会設置会社では押印を省略できます。何ともわかりにくいですね。

どのような基準で押印の要否が決められているのでしょうか？　登記をつかさどる法務局としては答えは簡単で、「法律で押印を求めているものは押印必要、それ以外は不要」ということです。「いや、その法律の規定がよくわからないんだ！」という声が聞こえて来そうですが、いたし方ありません。

法律で押印を求めている手続きは重要なものが多く、書類作成者の意思を明確にしておく必要性があるからこそ、押印（多くの場合、実印＋印鑑証明書）を求めています。仮に、このような重要な手続きで押印を廃止するなら、実印制度に代わる意思確認制度が必要になるでしょう。実際のところ、電子文書に関しては、押印ではなく電子署名をすることで、意思確認機能を代替していると言えます。

電子文書が普及するのもまだまだ時間がかかりそうですし、紙の書類が残る限りは、押印が完全廃止になることはないと思います。

株式会社設立の手続き（登記申請）

　本章では、ひとり株式会社について、会社法の手続きが完了した「後」の設立の登記の申請の手続きについて解説します。

設立の登記の申請をする

会社法の手続きが完了したら、次はいよいよ設立の登記の申請をします。

1 ふたたび「株式会社を設立する」とは？

先に48ページで述べたとおり、株式会社は、その本店の所在地において設立の登記をすることによって成立します。つまり、「設立の登記をすること」こそが「株式会社を設立すること」。そして、いよいよここからが「設立の登記の申請手続き」の説明です。

株式会社の成立の日（会社の誕生日）は、設立の登記の申請をした日になります。希望日がある場合には、その日に設立の登記が申請できるように準備しましょう。ただし、残念ながら法務局の休日（土曜日、日曜日、祝日、年末年始）は登記の申請の受付ができず、その日を設立の日にすることはできません。

2 登記の管轄

設立の登記をする法務局または地方法務局（以下、単に「法務局」と言います）には管轄があり、本店の所在地を管轄する法務局が取り扱います。他の法務局ではいっさい受付できませんので、ご注意ください。

また、公証人の場合には都府県等の単位で緩やかに認められた管轄範囲も、地域によっては市区町村単位で細かく指定されていることがあります（特に東京法務局など）。間違いのないよう、法務局のホームページでよく確認してください。

39 株式会社を設立する

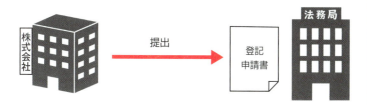

株式会社を設立する＝設立の登記をする

株式会社の誕生日＝設立の登記の受付日

- 設立の希望日がある場合には早めに準備を
- 法務局の休日（土・日・祝日、年末年始）は受付できない

設立の登記（法務局）の管轄は法務局ホームページで
https://houmukyoku.moj.go.jp/homu/static/index.html

会社法の手続きの作成書類の確認

第2章の会社法の手続きで株式会社設立のために必要な書類を作成しました。その確認をしましょう。

1 会社法の手続きで作成した書類

第2章で解説した会社法の手続きで作成した書類は、株式会社の設立の登記申請の添付書類となります。もう一度、確認しましょう。

①定款（公証人の認証文が付された謄本）1通
　⇒76〜77ページ
②設立時取締役の就任承諾書（設立時取締役の個人実印を押印）1通
　⇒81〜82ページ
③払込証明書1通
　⇒83〜85ページ

2 設立時取締役の個人の印鑑証明書

上記の書類に加え、設立時取締役個人の印鑑証明書（発行から3ヶ月以内）1通も必要となりますので、ご準備ください。

ひとり株式会社では、発起人がすなわち設立時取締役です。発起人の印鑑証明書は、定款の認証の手続きでも使用していますので、その際に公証人から原本の返還（原本還付）を受けておけば、使い回すことができます。印鑑証明書の原本還付の方法は、次ページのとおりです。

40 印鑑証明書の原本還付

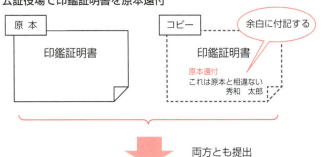

公証役場で印鑑証明書を原本還付

両方とも提出

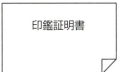

原本を返還

コピーに押印は不要です

印鑑届書を作成

法務局に登記申請をする株式会社の代表取締役は、登記申請手続きに使用する印鑑の届出をする必要があります。

1 印鑑の届出

　法務局に登記申請をする株式会社の代表取締役は、原則として印鑑の届出をする必要があります。法律上の表現では「印鑑の提出」と言いますが、ハンコそのものを差し出すように聞こえますので、本書では「印鑑の届出」という言い方に統一します。

　印鑑の届出をするためには、まず印鑑を製作しなければなりません。印章店やネットショップなどに注文して製作します。印影に特別の制約はありませんが、下記のようなものが一般的です。大きさには制限があり、1辺が1cmの正方形より大きく3cmの正方形より小さい必要があります。市販されている普通の印鑑（株式会社の届出印用のもの）であれば、まず問題ないでしょう。

 印鑑（届出印）の例

印相体という独自の書体で、内側に縦書きで「代表取締役印」、
外側の円周に沿うように「株式会社秀和」と彫ってあります。

2 印鑑届書の作成

　印鑑の届出は、設立の登記の申請と同時に、次ページの**印鑑届書**を管轄法務局に提出して行います。印鑑届書の書式は、本書のダウンロードサービスから取得できるほか、法務局のホームページからも取得できます。

　印鑑届書で届出した印鑑は、今後の登記申請書や委任状に押印するほか、契約その他さまざまな場面で使用します。また、この印影が株式会社の印鑑証明書の印影となります。つまり、株式会社の実印と言うべき印鑑ですので、しっかりと管理してください。

　この印鑑のことは、「届出印」「代表印」「会社の実印」など、いろいろな呼び方がされますが、本書では「届出印」という呼び方に統一します。

FIGURE 42　届出印の大きさ

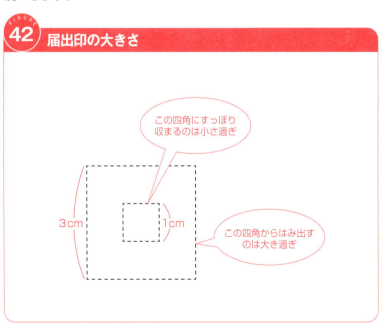

FIGURE 43 印鑑届出書

印鑑（改印）届書

※ 太枠の中に書いてください。

（地方）法務局　　　　支局・出張所　　　　年　　月　　日届出

（注1）(届出印は鮮明に押印してください。)

商号・名称	株式会社秀和
本店・主たる事務所	群馬県高崎市〇〇町100番地1
印鑑提出者 資格	代表取締役・取締役・代表理事理事・（　　　）
氏名	秀和 太郎
生年月日	大・昭・平・西暦　60 年 6 月 6 日生

届出印

□ 印鑑カードは引き継がない。
（注2）□ 印鑑カードを引き継ぐ
印鑑カード番号　　　チェック
前任者

会社法人等番号　**会社法人等番号は記載不要（設立前にはわからない）**

届出人（注）☑ 印鑑提出者本人　□ 代理人

（注3）の印
[市区町村に登録した印]
※ 代理人は押印不要

住　所　群馬県高崎市〇〇町100番地1

フリガナ　シュウワ　タロウ

設立時代表取締役の住所・氏名を記載

氏　名　秀和 太郎

個人実印

委任状

私は、(住所)　**代理人によって手続するのでなければ**
　　　(氏名)　**委任状には何も記載しない**

を代理人と定め、　□印鑑（改印）の届出、　□添付書面の原本還付請求及び受領
の権限を委任します。

年　　月　　日

チェック

印　（注3）の印 [市区町村に登録した印]

☑ 市区町村長作成の印鑑証明書は、登記申請書に添付のものを援用する。（注4）

（注1）印鑑の大きさは、辺の長さが1cmを超え、3cm以内の正方形の中に収まるものでなければなりません。
（注2）印鑑カードを前任者から引き継ぐことができます。該当する□にレ印をつけ、カードを引き継いだ場合には、その印鑑カードの番号・前任者の氏名を記載してください。
（注3）本人が届け出るときは、本人の住所・氏名を記載し、市区町村に登録済みの印鑑を押印してください。代理人が届け出るときは、代理人の住所・氏名を記載（押印不要）し、委任状に所要事項を記載し（該当する□にはレ印をつける）、本人が市区町村に登録済みの印鑑を押印してください。
なお、本人の住所・氏名が登記簿上の代表者の住所・氏名と一致しない場合には、代表者の住所又は氏名の変更の登記をする必要があります。
（注4）この届書には作成後3か月以内の本人の印鑑証明書を添付してください。登記申請書に添付した印鑑証明書を援用する場合（登記の申請と同時に印鑑を届け出た場合に限る。）は、□にレ印をつけてください。

印鑑処理年月日	
印鑑処理番号	

ひとり株式会社では取締役＝代表取締役です。

（乙号・8）

印鑑カード交付申請書を作成

株式会社が届出印の印鑑証明書の交付を受けるには、印鑑カードが必要となります。

1 印鑑カードとは？

印鑑カードとは、株式会社が届出印の印鑑証明書の交付等を受ける際に使用するプラスチック製の磁気カードです。大きさも材質も、金融機関のキャッシュカードに似たカードです。印鑑カードは、株式会社が印鑑の届出をした法務局で交付を受けることができます。なお、印鑑カードの見本は118ページをご覧ください。

2 印鑑カード交付申請書

株式会社の設立の登記を申請する際に、同時に**印鑑カード交付申請書**を提出しておき、設立の登記の完了後に印鑑カードの交付を受けます。印鑑カードの交付は任意ですが、これがないと株式会社の届出印の印鑑証明書の取得ができません。

印鑑カード交付申請書の書式および記載内容は、次ページのとおりです。印鑑カード交付申請書の書式は、本書のダウンロードサービスから取得できるほか、法務局のホームページからも取得できます。

FIGURE 44 印鑑カード交付申請書

印鑑カード交付申請書

※ 太枠の中に書いてください。

　　　（地方）法務局　　　支局・出張所　　　年　月　日　申請　　照合印

(注1) 登記所に提出した印鑑の押印欄	商号・名称	株式会社秀和
	本店・主たる事務所	群馬県高崎市○○町１００番地１
届出印	印鑑提出者 資格	~~代表取締役~~・取締役・代表社員・代表理事・理事 （　　　　　　　　　　　　）
	氏名	秀和　太郎
（印鑑は鮮明に押印してください。）	生年月日	大・㊩・平・西暦　60　年　6　月　6　日生
	会社法人等番号	**会社法人等番号は記載不要 （設立前にはわからない）**

チェック

申　請　人　(注2)　☑印鑑提出者本人　□代理人

住所	群馬県高崎市○○町１００番地１	連絡	□勤務先　□自宅 ☑携帯電話 電話番号 000-0000-0000
フリガナ 氏　名	シュウワ　タロウ 秀和　太郎　**設立時代表取締役の住所・氏名を記載**		

委　任　状

私は、(住所)　**代理人によって手続するのでなければ委任状には
何も記載しない**

　　　(氏名)

を代理人と定め、印鑑カードの交付申請及び受領の権限を委任します。

　　　年　　月　　日

　　住　所

　　氏　名　　　　　　　　　　　　　　　　　印　（登記所に提出した印鑑）

(注1)　押印欄には、登記所に提出した印鑑を押印してください。
(注2)　該当する□にレ印をつけてください。代理人の場合は、代理人の住所・氏名を記載してください。その場合は、委任状に所要事項を記載し、登記所に提出した印鑑を押印してください。

交付年月日	印鑑カード番号	担当者印	受領印又は署名

(乙号・9)

登記申請書の作成

最後に登記申請書を作成して設立の登記の準備は完了です。

1 登記申請書とは？

　会社法の手続きで作成した書類、設立時取締役の印鑑証明書、印鑑届書、印鑑カード交付申請書を準備したら、最後の関門である**株式会社設立登記申請書**を作成します。

　株式会社の設立の登記は、株式会社設立登記申請書および添付書類を管轄法務局に提出することで行います。登記オンライン申請という方法もありますが、ここでは書面（紙）で作成する方法のみを解説します。登記オンライン申請については、第4章（152ページ～）で解説します。

2 株式会社設立登記申請書の書式および形式

　株式会社設立登記申請書の書式は、次ページ以降に記載のとおりです。これは、第2章で定款を作成した株式会社秀和の設立の登記の申請書の例です。この書式は、本書のダウンロードサービスで取得できます。

　株式会社設立登記申請書は、A4版の用紙に片面印刷で作成します。手書きでも構いませんが、鉛筆等消せる筆記用具は使用不可です。記載事項を明確にするために、パソコン等で作成しプリンタで印刷するほうが望ましいのは言うまでもありません。

登記すべき事項は厳密に法定されており、株式会社秀和について言えば、下記の「登記すべき事項」以外の事項を登記することはできません。例えば、「取締役の任期」を忘れないように登記しておこうと思っても、登記できません。

株式会社設立登記申請書

```
               株式会社設立登記申請書

   フリガナ       シュウワ①
1. 商   号       株式会社秀和
1. 本   店       群馬県高崎市○○町100番地1
1. 登記の事由     令和○年○月○日発起設立の手続終了②
1. 登記すべき事項  別紙のとおり③
1. 課税標準金額    金100万円 ④
1. 登録免許税     金150,000円⑤
1. 添付書類
     定款                              1通⑥
     設立時取締役の就任承諾書            1通
     設立時取締役の印鑑証明書            1通
     払込証明書                         1通

上記のとおり、登記の申請をします。
      令和○年○月○日⑦
              群馬県高崎市○○町100番地1
              申 請 人　株式会社秀和
              群馬県高崎市○○町100番地1 ⑧
              代表取締役　秀和太郎           届出印 ⑨
              連絡先の電話番号　000-0000-0000

前橋地方法務局　御中⑩
```

「商号」株式会社秀和⑪

「本店」群馬県高崎市○○町100番地1 ⑫

「公告をする方法」官報に掲載する方法により行う。⑬

「目的」⑭

1　書籍の企画、出版及び販売

2　古書の買取及び販売並びに古物営業法に基づく古物商

3　不動産賃貸業

4　損害保険代理店業

5　前各号に附帯又は関連する一切の事業

「発行可能株式総数」1000株 ⑮

「発行済株式の総数並びに種類及び数」

「発行済株式の総数」100株 ⑯

「資本金の額」金100万円 ⑰

「株式の譲渡制限に関する規定」⑱

当会社の発行する株式の譲渡による取得については、株主総会の承認を受けなければならない。

「役員に関する事項」
「資格」取締役　⑲
「氏名」秀和太郎

「役員に関する事項」
「資格」代表取締役
「住所」群馬県高崎市○○町100番地1　⑳
「氏名」秀和太郎

「登記記録に関する事項」設立 ㉑

※このページおよび記載事項を「登記すべき事項」と言います。

収入印紙貼用台紙 ㉒

収入印紙 100,000円　　収入印紙 50,000円

㉓

※赤字の丸数字（①②…）に対応した解説を101～102ページに付します。実際の登記申請書では丸数字を削除のうえ使用してください。
※本書の構成上、各用紙の大きさが違いますが、実際には全部A4の用紙に印刷（記載）します。

46 株式会社設立登記申請書のつづり方

● ホチキスで止める

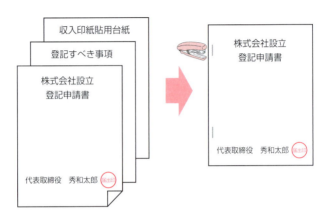

● 契印(割印)する

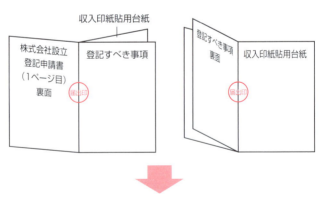

この全部で「株式会社設立登記申請書」となります。

3 株式会社設立登記申請書の解説

①ひらがな・カタカナの商号でも必ずフリガナを記載します。ただし、「株式会社」のフリガナは不要です。

②会社法に定める株式会社の設立の手続きをすべて完了した日付を記載します。本書に記したとおりの順序で手続きをした場合には、払込証明書（83〜85ページ）を作成した日付となります。

③別紙とは、登記すべき事項が記載された用紙を指します。

④課税標準金額は、資本金の額（1000円未満は切捨て）です。

⑤登録免許税額は、資本金の額に7/1000を乗じた額（100円未満は切捨て）です。ただし、これによって算出した額が15万円に満たない場合は、15万円となります。

⑥公証人の認証文が付された謄本を添付します。コピーでは不可ですが、原本還付の手続きを取ることができます（105〜106ページ）。なお、就任承諾書および印鑑証明書も同じ（コピー不可、原本還付可能）です。

⑦登記申請書を実際に法務局に提出する日を記載します。郵送等の場合は郵便局等に差し出す日で構いませんが、設立の登記の受付日（株式会社の成立の日）は、法務局が登記申請書を実際に受領した日となります。

⑧代表取締役の個人の住所を記載します。株式会社秀和では株式会社の本店と代表取締役の住所が同一なので間違うことはありませんが、それらが異なる株式会社もありますので、ご注意ください。

⑨必ず「届出印」（92〜94ページ）を押印してください。それ以外の印を押印すると、補正または却下の対象となります。

⑩申請する法務局を間違えないよう、よくご確認ください。

⑪定款第1条

⑫定款第24条
⑬定款第4条
⑭定款第2条。誤記のないよう、定款のファイルからコピー＆ペーストするのがよいです。
⑮定款第5条
⑯定款第26条、払込証明書
⑰定款第27条、払込証明書
⑱定款第7条
⑲定款第29条。取締役は住所を登記しません。
⑳定款第29条。ひとり株式会社では、取締役が代表取締役です（定款第20条1項)。代表取締役は住所を登記します。
㉑日付を記載せず、単に「設立」とします。株式会社秀和の登記すべき事項は⑪〜㉑がすべてであり、過不足なく登記しなければなりません。
㉒「収入印紙貼用台紙」というタイトルは、なくても可です（ただの白紙でも可）。
㉓貼付した収入印紙に消印をしてはいけません。収入印紙の内訳に決まりはありませんので、例えば1万円の収入印紙を15枚貼っても可です。

登記すべき事項の提出方法

登記すべき事項はCD-R等で提出する方法もあります。

1 CD-R等での提出

株式会社設立登記申請書の登記すべき事項（99ページ）は、**CD-R**または**DVD-R**で提出する方法もあります。その場合、書面で提出する登記申請書には、登記すべき事項を印刷（記載）する必要はありません。登記すべき事項をCD-R等で提出する場合の注意事項は、次ページのとおりです。

登記すべき事項をCD-R等で提出することの意義は、法務局のミスを低減することにあります。書面で提出された登記すべき事項は、法務局でスキャナによる読み込みをし、登記官等の職員が確認して登記簿に記録します。スキャナの精度の問題もありますし、職員による確認にミスが生じることもあります。CD-R等でデータとして提出することで、情報の誤記を低減することができるわけです。

2 QRコード付き書面申請

書面申請の一種として、**QRコード付き書面申請**という方法も準備されています。登記・供託オンライン申請システム（法務省）が無償で提供する申請用総合ソフトというソフトウエアを利用する方法です。しかし率直に言って、QRコード付き書面申請をするくらいなら、もう少しだけ頑張って**登記オンライン申請**をしたほうがいいでしょう。したがって、本書では説明を省略します。

47 登記すべき事項を CD-R 等で提出する方法

登記申請書の記載を次のとおり変更します。

```
          株式会社設立登記申請書
～～～～～～～～～～～～～～～～～～～～
 1．登記の事由    令和○年○月○日発起設立の手続終了
 1．登記すべき事項  ×別紙のとおり
              ↓
           ○別添CD-Rのとおり
```

この場合、CD-R 等で提出する登記すべき事項は、書面に印刷（記載）する必要はありません。

- 普通に市販されている CD-R または DVD-R であれば使用可能
- 登記すべき事項はテキスト形式（ファイル名は○○○.txt）で CD-R 等に記録する。すべて全角文字で記述し、半角文字、半角スペース、Tab を使わない
- CD-R等は返却されない
- CD-R等に商号を記載するか、記載した付せん等を貼り付ける（はがれないように）

株式会社設立登記申請書と共に法務局へ提出

添付書類の原本還付

添付書類のうち返還を希望する書類は、原本還付の手続きを取ります。

1 原本還付とは？

株式会社設立登記申請書の添付書類のうち返還を希望する書類は、一定の手続きを取ることで、法務局から返還を受けることができます。この返還の手続きを、**原本還付**といいます。

原本還付を希望する書類はコピーを取り、次ページの処理をして、いったん原本とコピーの「両方」を株式会社設立登記申請書の添付書類として管轄法務局に提出します。

原本は、原則として設立の登記の完了後に返還されますので、登記を申請した法務局の窓口で受領します。返還すべき原本に返送用封筒（宛名を書き郵便切手を貼ったもの、またはレターパック等）を添付しておけば、郵送で受領することもできます。

2 原本還付できない書類

印鑑届書および印鑑カード交付申請書は、株式会社設立登記申請書と同時に法務局に提出しますが、添付書類ではないので、原本還付することはできません。

また、押印を要しない書類（払込証明書など）は、もともとコピーを提出することで足りるので、原本還付をする意味がありません。

48 添付書類の原本還付

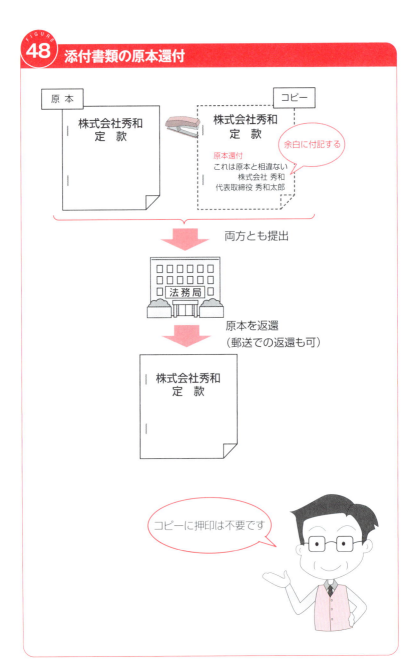

書類のまとめ方

以上で株式会社の設立の登記の申請はすべて準備が整いました。作成した書類等のまとめ方を説明します。

1 まとめる書類

株式会社の設立の登記の申請は、ここまでに作成・準備した次の書類等の全部をまとめて提出します。

①株式会社設立登記申請書
　（登記すべき事項をCD-R等で提出する場合はCD-R等）
②添付書類
　・定款
　・就任承諾書
　・印鑑証明書
　・払込証明書
③印鑑届書
④印鑑カード交付申請書

2 まとめ方

書類等のまとめ方は、次ページのとおりです。ホチキス止めするもの、しないもの、原本還付の有無等にご注意ください。

また、原本還付する書類の返還用または印鑑カード受領用の封筒（レターパック）等も、必要があればまとめて提出します。なお、返還・受領用の封筒等は1通添付すれば全部まとめて返送してくれます。

書類のまとめ方

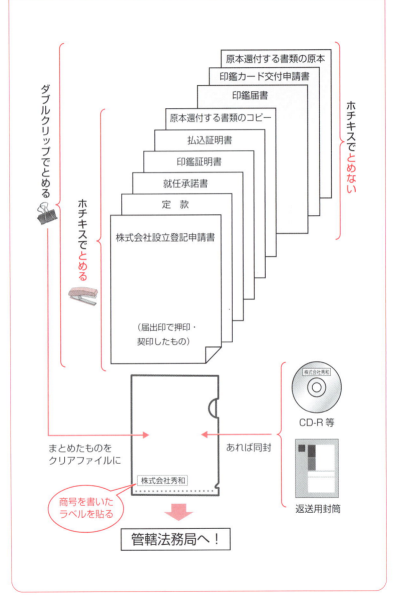

株式会社設立登記申請書の提出

前ページのとおりまとめた書類等を、管轄法務局に提出します。

1 管轄法務局に持参

　前ページのとおりまとめた株式会社設立登記申請書および添付書類等を、管轄法務局に持参し、提出します。この提出の日が登記の日であり、株式会社の成立の日（株式会社の誕生日）となります。

　法務局が登記申請書の提出を受付できるのは、祝日と年末年始（12月29日〜1月3日）を除く月曜日〜金曜日の午前8時30分から午後5時15分までです。アポイント等は不要です。受付は驚くほど簡素で、職員が書類を受け取って終わりです。法務局によっては、その場で簡単に書類を確認することがあるかもしれません。

2 管轄法務局に郵送

　持参する代わりに郵送等で送付することも可能です。この場合も、送付先は管轄法務局となりますので、あて先を間違えないようご注意ください。送付先を間違えても転送等の対応はいっさいしてくれません。

　郵送等では法務局への到達日をコントロールできないこともありますので、特定の日を設立日にしたいという希望のある場合には、持参したほうがいいでしょう。

郵送等の方法については特に規定はありませんが、法務局への到達を確実にしたいので、書留郵便等（赤のレターパックプラスなど）で送付するようにしましょう。

3　完了予定日の確認

　株式会社設立登記申請書および添付書類等を持参した際に、受付窓口に表示してある登記の完了予定日を確認しておきます。また、完了予定日は法務局のホームページにも公開されていますので、郵送で提出した場合になどにはそこで確認します。

4　登記の期限に注意

　株式会社の設立の登記の申請は、原則として設立時取締役の調査（83ページ）が完了した日から2週間以内にしなければならないと定められています。もっとも、この期限が経過したからと言って登記ができなくなるわけではなく、期限経過後の登記の申請も問題なく受け付けられ、処理されます。ただし、期限を過ぎてから登記の申請をした場合には、設立時取締役に過料（一種の罰金）が科されることがありますので、注意してください。

FIGURE 50 株式会社設立登記申請書の提出

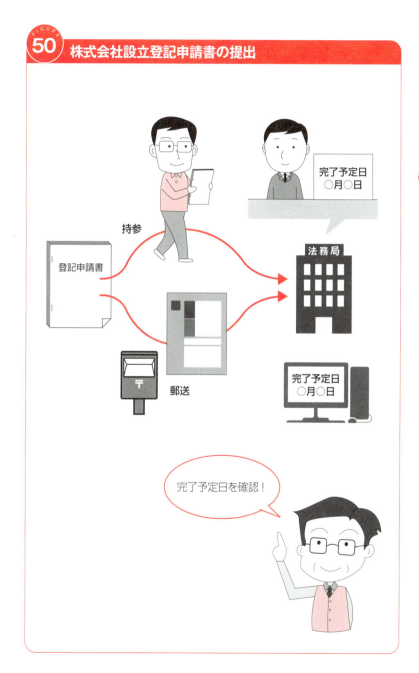

補正の方法と取下

株式会社設立登記申請書または添付書類等について、法務局（登記官）から補正を命じられることがあります。

1 補正が必要な場合

株式会社設立登記申請書または添付書類等に不備や間違いがあった場合、法務局（登記官）から**補正**を命じられることがあります。補正の指示は、株式会社設立登記申請書に記載した電話番号あてに連絡があります。補正の理由は次ページのとおりさまざまですが、登記官の指示にしたがって修正すれば大丈夫なことが多いです。

補正は、補正書を提出して郵送等で行うことも可能ですが、慣れていないとなかなか難しいので、法務局に出向いて直接書類の修正等をしたほうが早いでしょう。その際、届出印と設立時取締役個人の実印および本人確認書類（運転免許証またはマイナンバーカード等）を持参します。

補正があった場合、登記の完了が当初の完了予定日より遅れるのが普通です。補正をするときに、登記官に新たな完了予定日を尋ねておきましょう。なお、補正を命じられたのに補正しなかったとき、補正できなかったときは、登記申請は却下されます。

2 補正が不可能な場合

株式会社設立登記申請書または添付書類等に不備や間違いがあり、それが訂正不可能な場合には、補正はできません。その場合には、登記官から**取下げ**を求められます。取下げが必要となる具体的な理由の例は、次ページのとおりです。取下げは取下書を提出して行い

ますが、用紙は法務局にありますので、登記官の指示に従って記入し、提出してください。その際、登録免許税の還付請求をすることまたは収入印紙の再使用証明を受けることも必要となりますので、合わせて登記官の指示に従い手続きしてください。

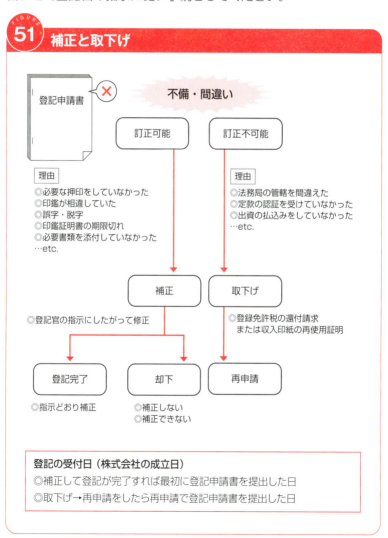

登記事項証明書の交付

株式会社の設立の登記が完了したら登記事項証明書を申請し交付を受けます。

1 登記の完了

株式会社の設立の登記は、実は完了しても法務局から何の連絡もありません。完了予定日が経過しても補正の通知がなければ無事に手続きが完了していると思われますので、管轄法務局に電話で問い合わせてみるとよいでしょう。もっとも、問い合わせるまでもなく、次に説明する**登記事項証明書**を申請してみてもいいです。登記事項証明書が交付されれば、設立の登記が無事に完了しているということです。

2 登記事項証明書の交付

株式会社の設立の登記が完了したら登記事項証明書を申請し、交付を受けます。登記事項証明書の申請方法はいろいろありますが、誰でも可能なのは交付申請書に必要事項を記入し、法務局の窓口に提出し交付を受ける方法です。

登記事項証明書については法務局の管轄はありません。どこの法務局でも、全国の株式会社の登記事項証明書の交付を受けることができます。

登記事項証明書は通常の株式会社では1〜2枚の紙切れですが、それがまさに「株式会社が設立された証」となる書類です。株式会社の設立以後、事業を続ける限り、何度も交付を受け、さまざまな手続きで提出する必要がある書類です。申請方法はしっかりマスターしておきましょう。

　株式会社の設立直後には、金融機関の口座開設、税務署や市区町村役場、年金事務所などに提示・提出する必要がありますので、必要な通数の交付を受けておきます。

　登記事項証明書交付申請書の用紙は、法務局の窓口に備え付けられていますので、法務局に行ってから手書きすれば用が足ります。なお、本書ダウンロードサービスからも取得可能です。

登記事項証明書交付申請書

印鑑カードの受領と印鑑証明書の取得

株式会社の設立の登記が完了したら印鑑カードを受領し、代表者の印鑑証明書を申請し交付を受けます。

1 印鑑カードの受領

設立の登記の申請と同時に印鑑カード交付申請書を提出しておいた場合（95ページ）、登記の完了後、直ちに登記を申請した法務局の窓口で印鑑カードを受領できます。受領の際には、届出印と本人確認書類（運転免許証またはマイナンバーカード等）を持参してください。

印鑑カード交付申請書の提出の際に、返送用封筒（宛名を書き郵便切手を貼ったもの、またはレターパック等）を添付しておけば、郵送で受領することもできます。

FIGURE 53 印鑑カード見本

● プラスチック製
● キャッシュカードと同じサイズ

2 株式会社の代表者の印鑑証明書

　株式会社の設立の登記が完了したあとには、届出印について、株式会社の代表者の**印鑑証明書**（以下、単に「印鑑証明書」という）の交付を受けることができます。印鑑証明書も登記事項証明書と同じく、株式会社の設立後、何度も取得することが必要になる書類ですので、申請方法をマスターしておきましょう。

3 印鑑証明書の申請方法

　印鑑証明書の申請方法もいろいろありますが、誰でも可能なのは**印鑑証明書交付申請書**に必要事項を記入し、印鑑カードを添えて、法務局の窓口に提出し申請する方法です。

　印鑑証明書についても法務局の管轄はありません。どこの法務局でも、全国の株式会社の印鑑証明書の交付を受けることができます。

　印鑑証明書交付申請書の用紙は、法務局の窓口に備え付けられていますので、法務局に行ってから手書きすれば用が足ります。なお、本書ダウンロードサービスからも取得可能です。

FIGURE 54 印鑑証明書交付申請書

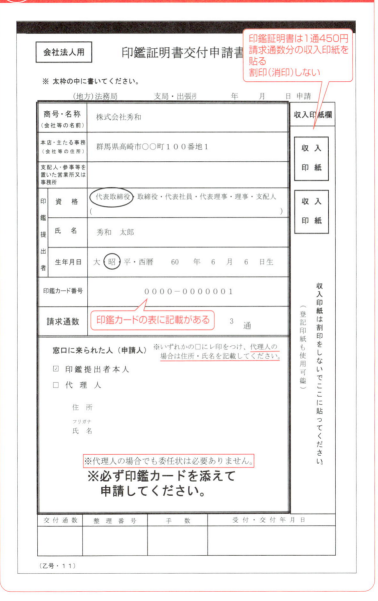

CHAPTER 3-13 証明書発行請求機

法務局等に設置された証明書発行請求機でも登記事項証明書・印鑑証明書の請求をすることができます。

1 証明書発行請求機

各地の法務局の窓口または法務局証明サービスセンターに、**証明書発行請求機**が設置されています。証明書発行請求機を使用すれば、書面の交付申請書を書かなくても登記事項証明書や印鑑証明書の請求をし、交付を受けることができます。使用方法は非常に簡単ですので、証明書発行請求機を見かけたらぜひ利用してみてください。

なお、印鑑証明書の交付を受ける場合には、証明書発行請求機を利用するときでも印鑑カードが必須です。また、証明書発行請求機で登記事項証明書の交付を受ける場合に、(必須ではありませんが)印鑑カードがあれば申請する株式会社の入力がスムーズにできます。

証明発行請求機を使う場合
書面の交付申請書は不要！

2 登記事項証明書および印鑑証明書のサンプル

最後に、登記事項証明書および印鑑証明書のサンプルを掲げます。これでひとり株式会社の設立手続きは無事にすべて完了です。

お疲れさまでした！

FIGURE 55 履歴事項全部証明書

履 歴 事 項 全 部 証 明 書 サンプル

群馬県高崎市○○町100番地1
株式会社秀和

会社法人等番号	0700-01-000000
商　号	株式会社秀和
本　店	群馬県高崎市○○町100番地1
公告をする方法	官報に掲載する方法により行う。
会社成立の年月日	令和○年○月○日 　　　（設立の登記の申請日が記載される）
目　的	1　書籍の企画、出版及び販売 2　古書の買取及び販売並びに古物営業法に基づく古物商 3　不動産賃貸業 4　損害保険代理店業 5　前各号に附帯又は関連する一切の事業
発行可能株式総数	1000株
発行済株式の総数 並びに種類及び数	発行済株式の総数 　　100株
資本金の額	金100万円
株式の譲渡制限に関する規定	当会社の発行する株式の譲渡による取得については、株主総会の承認を受けなければならない。
役員に関する事項	取締役　　　　　秀　和　太　郎
	群馬県高崎市○○町100番地1 代表取締役　　　秀　和　太　郎
登記記録に関する事項	設立 　　　　　　　　　　　　　　　　令和○年○月○日登記

これは登記簿に記載されている閉鎖されていない事項の全部であることを証明した書面である。
（前橋地方法務局管轄）
　　　　　　令和○年○月○日
○○地方法務局○○支局
登記官　　　　　　　　　　法　務　守　夫

[QRコード]
[○○地方法務局○○支局登記官之印]

1／1

整理番号　ア000000　　※下線のあるものは抹消事項であることを示す。

※地紋のある専用紙で発行されます。

56 印鑑証明書

サンプル

印 鑑 証 明 書

会社法人等番号　　0700-01-000000
商　　　号　　　　株式会社秀和
本　　　店　　　　群馬県高崎市○○町100番地1
　　　　　　　　　代表取締役　　秀　和　太　郎
　　　　　　　　　昭和60年　6月　6日生

QRコード

これは提出されている印鑑の写しに相違ないことを証明する。
（前橋地方法務局管轄）
　　　　　　　　令和○年○月○日
　　　　○○地方法務局○○支局
　　　　登記官　　　　　　　　法　務　守　夫

○○地方法務局○○支局登記官之印

整理番号　リ000000

※地紋のある専用紙で発行されます。

Column
詳しすぎる？ 法務局の解説

　法務局では登記申請手続きに関し、ホームページなどで実に多くの情報発信をしています。本書のテーマである株式会社の設立の手続きについても、非常に詳しく説明しています。いや、むしろ「詳しすぎる」のです。

　株式会社の設立の登記申請の方法だけでも、本書で紹介した書面申請のほか、QRコード付き書面申請、登記オンライン申請等があり、また定款認証と設立登記の同時申請制度などもあります。それぞれの方法について、法務局はそれぞれ別々に、大量の情報を発信しています。それらを読んでいると情報の洪水の中で、株式会社を設立するために自分はいま何をしなければならないのかが、よくわからない状態となってしまいます。

　株式会社の登記は、書面申請が原則です（商業登記法第17条第1項）。はじめに原則的な申請方法を知って、それから他の方法を知るのであればよいのですが、同時並行的にいろいろな選択肢を見せられては、混乱するばかりです。

　本書では、株式会社の設立に向けたいわば「一本道」を示すように努力しています。株式会社の設立には、確かに「脇道」が無数にあるのです。しかし、はじめから脇道の数々を説明していては、ゴールが見えなくなってしまいます。まずはゴールに一度たどり着いて、それから脇道を確認していくのが、もっともわかりやすい方法だと思います。

　実は、法務局の詳しすぎる解説は、司法書士のような専門家にとっては非常に有益です。それはやはり、専門家は基礎知識の蓄積があって、その上に解説を読むからです。本書の読者の方は、まずは本書の内容を理解することに努めてください。法務局の詳細な情報に当たるのは、そのあとでも遅くないと思います。

MEMO

応用編
―もっと大きな株式会社と
登記オンライン申請等―

　この章では第2章・第3章で解説したひとり株式会社の設立の手続きを基本に、応用編として、もっと大きな株式会社の設立手続きと登記オンライン申請等を解説します。

第4章の目的

第4章の目的を解説します。

1 もっと大きな株式会社

　第2章・第3章では、ひとり株式会社にターゲットを絞って設立の手続きを解説しました。しかし、現実にはもう少し大きな株式会社を設立したいという需要も少なくないことでしょう。

　第4章では、第2章・第3章で解説したひとり株式会社の設立の手続きを基本に、応用編として、次の株式会社の設立の手続きを解説します。

①発起人2名・取締役3名の株式会社（取締役会非設置会社）
②取締役会設置会社（発起人3名・取締役3名・監査役1名）

　手続きのベースはひとり株式会社です。なので、たとえ大きな株式会社の設立を希望する場合でも、まずは先に第2章・第3章を通して読んでください。一見遠回りのようですが、株式会社設立の「流れ」が理解できますので、かえって近道となります。

2 オンライン申請と電子定款

現在、登記申請手続きはオンライン申請化が進んでいます。司法書士等の専門家でない方々でも、登記オンライン申請を利用したいという需要が高まっています。

第4章では、ひとり株式会社の設立の登記の申請手続きを題材に登記オンライン申請による手続きを解説します。

また、定款については、収入印紙4万円を節約できることもあり、電子定款作成への関心が高いです。この電子定款の作成方法についても解説します。

👉 オンライン申請と電子定款のWeb解説について

オンライン申請と電子定款の作成方法の詳細については、154ページに示す理由により、Web上でお読みいただくことができる解説に別途まとめています。下記のURLまたはQRコードからアクセスしてください。

・URL　https://www.shuwasystem.co.jp/support/
　　　　7980html/7302.html
・QRコードはこちら

発起人2名・取締役3名の株式会社の設立の手続き① 会社法

発起人2名・取締役3名の株式会社はどのように設立したらよいでしょうか? まずは会社法の手続きです。

1 株式会社設立の手続き

ここからは、発起人2名・取締役3名の株式会社（取締役会非設置会社）の設立手続きを解説します。基本的な手続きの流れはひとり株式会社と同じですので、違う部分をピックアップして解説していきます。

51ページ下段に掲げた「ひとり株式会社設立手続きの一覧（実務）」は、次ページのように変更となります。それほど大きな変更点はありませんが、設立時代表取締役の選定という項目が加わりました。設立時代表取締役の選定は、実務的には、定款において定めます。

2 発起人が2名

発起人の役割はひとり株式会社と変わりませんが、2名となりましたので、発起人が決定すべきことは2名で話し合って、合意して決める必要があります。また、発起人は株式会社の設立に際して発行する株式（設立時発行株式）を最低1株は引き受ける必要があります。どちらが何株を引き受けるかの内訳は自由ですが、設立時発行株式の全部を、2人で分担して引き受けます。

なお、発起人が「2名」は、あくまでも設例です。発起人が1名で取締役が複数のことも、同様の株式会社で発起人が3名以上のこともあります。

FIGURE 57 発起人2名・取締役3名の株式会社の設立手続き

株式会社設立手続きの一覧(実務)
(発起人2名・取締役3名・取締役会非設置会社)

①定款の作成
・設立時発行株式に関する事項の決定
・発行可能株式総数の定め
・設立時取締役の選任
・設立時代表取締役の選定
②定款の認証
③出資の払込み
④設立時取締役による調査
⑤設立の登記の申請

---

3 定款の作成

巻末付録・定款記載例「②発起人2名・取締役3名の株式会社」(169ページ〜)に、「株式会社シュウワ」の定款を掲げています。この定款は、日本公証人連合会の定款記載例のうち「2中小規模の会社」に準拠(一部変更)しています。

株式会社シュウワは、発起人2名、取締役3名、うち代表取締役1名の株式会社(取締役会非設置会社)です。書式は、ダウンロードサービスの「定款記載例②発起人2名・取締役3名の株式会社(株式会社シュウワ)」のファイルを使用してください。

株式会社シュウワの定款のうち、太字で書いた部分は各株式会社において変更すべき部分です。赤字で書いた部分は解説ですので、最終的には削除してください。太字でも赤字でもない部分は、まったく変更できないわけではありませんが、会社法についての十分な知識が必要ですので、いじらない（削除も変更もしない）ほうが無難です。

　なお、定款には発起人の全員が個人実印で押印する必要があります。

4 実質的支配者申告書

　株式会社の実質的支配者となるべき者の申告書（実質的支配者申告書）の提出およびその書式については、基本的にひとり株式会社と同じです。

　次ページに株式会社シュウワの実質的支配者申告書の例を掲げますが、本書の印刷では非常に文字が小さいので、ダウンロードサービスから「実質的支配者申告書の記載例」を取得してお読みください。

　なお、株式会社シュウワにおいては、発起人佐藤光子が50％超の議決権を有するので、同人1名が実質的支配者となります。発起人田中良江は実質的支配者に該当せず、その申告は必要ありません。

　実質的支配者となるべき者（佐藤光子）については、運転免許証またはマイナンバーカード等の写真付きの本人確認書類の写し（コピー）を添付する必要があります。

　その他、実質的支配者申告書の注意事項は、株式会社秀和の例（71～74ページ）をご参照ください。

FIGURE 58 実質的支配者申告書

実質的支配者となるべき者の申告書（株式会社用）

（公証役場名）
さいたま　公証役場　　　　　　　　認証担当公証人　法務　公男　　　　　殿
（商号）　株式会社シュウワ

の成立時に実質的支配者となるべき者の本人特定事項及び暴力団員等該当性について、以下のとおり、申告する。

令和〇〇年〇〇月〇〇日

■ 嘱託人住所　　　　　　　　　　　　　　　■ 嘱託人氏名（記名又は署名）
埼玉県本庄市〇〇町３００番地３　　　　　　　佐藤　光子

実質的支配者となるべき者の該当事由（①から④までのいずれかの左側の□内に✓印を付してください。）（※1）

- ☑ ① 設立する会社の議決権の総数の５０％を超える議決権を直接又は間接に有する自然人となるべき者（この者が当該会社の事業経営を実質的に支配する意思又は能力がないことが明らかな場合を除く。）：犯罪による収益の移転防止に関する法律施行規則（以下「犯収法施行規則」という。）１１条２項１号参照
- □ ② ①に該当する者がいない場合は、設立する会社の議決権の総数の２５％を超える議決権を直接又は間接に有する自然人となるべき者（この者が当該会社の事業経営を実質的に支配する意思又は能力がないことが明らかな場合又は他の者が設立する会社の議決権の総数の５０％を超える議決権を直接又は間接に有する場合を除く。）：犯収法施行規則１１条２項１号参照
- □ ③ ①及び②のいずれにも該当する者がいない場合は、出資、融資、取引その他の関係を通じて、設立する会社の事業活動に支配的な影響力を有する自然人となるべき者：犯収法施行規則１１条２項２号参照
- □ ④ ①、②及び③のいずれにも該当する者がいない場合は、設立する会社を代表し、その業務を執行する自然人となるべき者：犯収法施行規則１１条２項４号参照

実質的支配者となるべき者の本人特定事項等（※2、※3）　　暴力団員等該当性（※4）

住居	埼玉県本庄市〇〇町３００番地３	国籍等	日本・その他（※5）（　　）	性別	男・⊙女（※6）	（暴力団員等に）
		生年月日	㊊・平成・西暦（※5）５０年５月５日生	議決権割合	６０％（※7）	該当・⊙非該当
氏名	フリガナ　サトウ　ミツコ　　佐藤　光子	実質的支配者該当性の根拠資料	定款・定款以外の資料・なし（※8）			

住居		国籍等	日本・その他（※5）（　　）	性別	男・女（※6）	（暴力団員等に）
		生年月日	昭和・平成・西暦　年　月　日生	議決権割合	％（※7）	該当・非該当
氏名	フリガナ	実質的支配者該当性の根拠資料	定款・定款以外の資料・なし（※8）			

住居		国籍等	日本・その他（※5）（　　）	性別	男・女（※6）	（暴力団員等に）
		生年月日	昭和・平成・西暦　年　月　日生	議決権割合	％（※7）	該当・非該当
氏名	フリガナ	実質的支配者該当性の根拠資料	定款・定款以外の資料・なし（※8）			

※1 ①の５０％及び②の２５％の計算は、次に掲げる割合を合計した割合により行う（犯収法施行規則１１条３項）。
　(1) 当該自然人が有する当該会社の議決権が当該会社の議決権の総数に占める割合
　(2) 当該自然人がその議決権の総数の５０％を超える議決権を有する法人をいう。この場合において、当該自然人及びその一若しくは二以上の支配法人又は当該自然人の一若しくは二以上の支配法人が議決権の総数の５０％を超える議決権を有する他の法人は、当該自然人の支配法人とみなす。）が有する当該会社の議決権が当該会社の議決権の総数に占める割合
※2 「住居、氏名」欄には、自然人の場合は、該当する者１名を記載し、①から④までの場合には、該当者全員を記載する。
※3 犯収法施行規則１１条４項によって、上場企業等及びその子会社は自然人とみなされるので、上記欄の「住居、氏名」欄に、その「所在、名称」を記載する。
※4 実質的支配者となるべき者の暴力団員（暴力団員による不当な行為の防止に関する法律第２条第６号）、国際テロリスト（国際連合安全保障理事会決議第1267号等を踏まえ我が国が実施する財産の凍結等に関する特別措置法第３条第１項の規定によりその名が公告されている者）又は大量破壊兵器関連計画等関係者（国際連合安全保障理事会決議第1267号等を踏まえ我が国が実施する財産の凍結等に関する特別措置法第３条第２項の規定によりその名が公告されている者）への該当性について、「暴力団員等該当性」欄の「該当」、「非該当」を〇で囲み、いずれかに該当する場合には、「該当」を〇で囲んだ上、該当するものを〇で囲むことに代えて、実質的支配者となるべき者が作成したその旨の表明保証書を提出することも可能である。
※5 「国籍等」欄は、日本国籍の場合は「日本」を〇で囲み、日本国籍を有しない場合は「その他」を〇で囲んだ上で具体的な国名を（　）内に記載する。
※6 「性別」欄は、該当するものを〇で囲む。
※7 「議決権割合」欄は、①及び②の場合のみ記載する。
※8 「実質的支配者該当性の根拠資料」欄は、該当するものを〇で囲み、定款以外の資料がある場合には、その原本又は写しを添付する。また、実質的支配者となるべき者の本人特定事項の明らかになる資料も添付する（自然人の場合は、運転免許証、旅券、個人番号カード（マイナンバーカード）、在留カード等の写し等。法人の場合は、全部事項証明書及び印鑑証明書の原本又は写し）。

実質的支配者となるべき者が３名を超える場合は、更に申告書を用いて記入してください。

※押印不要

5 定款の認証

　発起人が複数いる場合、定款の認証は、原則として発起人の全員が公証役場に出向いて手続きする必要があります。2～3名ならまだしも、それ以上になると日程調整も大変です。また、実質的支配者申告書に記載する「**嘱託人**」とは、「公証役場に出向いて定款認証手続きを行う発起人全員」のことですので、嘱託人が複数いればその全員の住所・氏名を連記する必要もあります（記載欄が小さいので、別紙を使用するなどします）。

　実務的には、発起人が複数いる場合には、定款認証の嘱託に関する権限を発起人代表者に委任して手続きを行うのがよいと思います。その場合、発起人代表者1名が「嘱託人」として公証役場に出向けばよく、他の発起人は**委任状**を提出します。実質的支配者申告書に記載する「嘱託人」も発起人代表者1名で可です（前ページの記載例もそのように作成しています）。

　定款認証の嘱託に関する権限の委任状の書式は次ページのとおりです。また、この書式はダウンロードサービスから取得することができます。

　なお、いずれの場合においても、発起人全員の個人の印鑑証明書（発行から3ヶ月以内）各1通を、公証人に提出する必要があります。

FIGURE 59 定款認証の嘱託に関する権限の委任状

```
                    委  任  状

      住  所  埼玉県本庄市○○町300番地3
      氏  名  佐藤 光子
    私は、上記の者を代理人と定め下記の権限を委任します。
                      記
  1．株式会社シュウワの定款について、発起人の記名押印を自認し、公証人の認
     証を嘱託する手続きに関する一切の件
  2．定款謄本の交付請求及び受領に関する一切の件
  3．実質的支配者となるべき者の申告書の作成・提出並びに申告受理及び認証証
     明書の申請・受領に関する一切の件


  令和○年○月○日


          住  所  埼玉県秩父市○○町400番地4
    発 起 人
          氏  名  田中 良江   
```

(個人実印)

◎株式会社シュウワにおいて、発起人田中良江が、発起人佐藤光子を発起人代表者として、定款認証の嘱託に関する権限を委任する委任状です。

◎発起人が3名以上の場合には、他の発起人についても同様の委任状を作成するか、上記田中良江の記名押印の下に連記して記名押印します。

◎発起人は全員（発起人代表者である佐藤光子も）、個人の印鑑証明書（発行から3ヶ月以内）各1通を公証人に提出する必要があります。

6 出資の払込み

発起人が複数の場合、発起人が合意して定めた発起人個人名義の金融機関の預貯金口座に出資の払込みをします。株式会社シュウワにおいては、発起人佐藤光子か発起人田中良江のどちらかの名義の金融機関口座に払い込めばOKです。

7 就任承諾書

設立時取締役の全員は、81～82ページと同様の就任承諾書が各1通必要となります。なお、佐藤光子は設立時代表取締役としての就任承諾書も必要なので、次のとおり変更して作成します。

就任承諾書

　私は貴社の設立時取締役に選任され、設立時代表取締役に選定されたので、その就任を承諾します。

＜中　略＞
　　　　　　　設立時取締役・設立時代表取締役　佐藤光子

株式会社シュウワ　御中

※書式はダウンロードサービスで取得できます。

8 払込証明書

設立時取締役は、各自83ページの事項の調査を行う必要がありますが、払込証明書を作成するのは、設立時代表取締役だけでOKです。書式等はひとり株式会社と変わるところはありません。

発起人2名・取締役3名の株式会社の設立の手続き②　登記申請

発起人2名・取締役3名の株式会社について、設立の登記の申請手続きを解説します。

1　印鑑届書・印鑑カード交付申請書の作成

ひとり株式会社と同様に、設立時代表取締役が印鑑届書および印鑑カード交付申請書を作成します。

株式会社シュウワの設立の登記の申請手続きに必要な書類は下記のとおりです。もう一度確認してください。

①定款（公証人の認証文が付された謄本）1通
②設立時取締役（代表取締役）の就任承諾書（設立時取締役の個人実印を押印）3通
③設立時取締役の個人の印鑑証明書3通
　（発行から3ヶ月以内）
④払込証明書1通
⑤印鑑届書1通
⑥印鑑カード交付申請書1通

2　設立の登記の申請書

株式会社シュウワの設立の登記の申請書は、次ページ以降に記載のとおりです。ひとり株式会社と大きく異なるところはありませんが、取締役が3名になっている点にご注意ください。この書式はダウンロードサービスから取得できます。その他注意事項等は、原則としてひとり株式会社の場合と同じです。

株式会社設立登記申請書

株式会社設立登記申請書

　　フリガナ　　　　　シュウワ
1．商　　号　　　　株式会社シュウワ
1．本　　店　　　　埼玉県熊谷市○○町200番地2
1．登記の事由　　　令和○年○月○日発起設立の手続終了
1．登記すべき事項　別紙のとおり
1．課税標準金額　　金 300万円
1．登録免許税　　　金150,000円
1．添付書類
　　　定款　　　　　　　　　　　　　　　　　　　1通
　　　就任承諾書　　　　　　　　　　　　　　　　3通
　　　印鑑証明書　　　　　　　　　　　　　　　　3通
　　　払込証明書　　　　　　　　　　　　　　　　1通

上記のとおり、登記の申請をします。

　　　令和○年○月○日

　　　　　　　埼玉県熊谷市○○町200番地2
　　　　　　　申　請　人　　株式会社シュウワ
　　　　　　　埼玉県本庄市○○町300番地3
　　　　　　　代表取締役　　佐藤光子　　　　（届出印）
　　　　　　　連絡先の電話番号　000-0000-0000

さいたま地方法務局　御中

「商号」株式会社シュウワ
「本店」埼玉県熊谷市○○町200番地2
「公告をする方法」官報に掲載する方法により行う。
「目的」
1　書籍の企画、出版及び販売
2　古書の買取及び販売並びに古物営業法に基づく古物商
3　不動産賃貸業
4　損害保険代理店業
5　前各号に附帯又は関連する一切の事業
「発行可能株式総数」3000株
「発行済株式の総数並びに種類及び数」
「発行済株式の総数」300株
「資本金の額」金300万円
「株式の譲渡制限に関する規定」
当会社の発行する株式の譲渡による取得については、株主総会の承認を受けなければならない。
「役員に関する事項」
「資格」取締役
「氏名」佐藤光子
「役員に関する事項」
「資格」取締役
「氏名」田中良江
「役員に関する事項」
「資格」取締役
「氏名」鈴木正夫
「役員に関する事項」
「資格」代表取締役
「住所」埼玉県本庄市○○町300番地3
「氏名」佐藤光子
「登記記録に関する事項」設立

収入印紙貼用台紙

収入印紙　　収入印紙
100,000円　50,000円

※解説は、ひとり株式会社である株式会社秀和の設立登記申請書（98ページ～102ページ）を参照してください。

取締役会設置会社の設立の手続き① 会社法

取締役会設置会社はどのように設立したらよいでしょうか？
まずは会社法の手続きです。

1 株式会社設立の手続き

ここからは、取締役会設置会社の設立手続きを解説します。取締役会の意義と機能については、18～19ページ、39ページの解説をお読みください。取締役会設置会社では、取締役3名・監査役1名が役員の最小構成となります。規模はずいぶん大きくなりますが、基本的な手続きの流れはひとり株式会社と同じですので、違う部分をピックアップして解説していきます。

51ページ下段の「ひとり株式会社設立手続きの一覧（実務）」は、次ページのように変更となります。設立時取締役と同時に設立時監査役も選任する必要があります。また、設立時代表取締役の選定という項目が加わり、それは定款の作成とは別の手続きで行います。

2 発起人が3名

発起人の役割はひとり株式会社と変わりませんが、3名となりましたので、発起人が決定すべきことは3名で話し合って、合意して決める必要があります。また、発起人は株式会社の設立に際して発行する株式（設立時発行株式）を最低1株は引き受ける必要があります。誰が何株を引き受けるかの内訳は自由ですが、設立時発行株式の全部を3人で分担して引き受けます。

なお、発起人が「3名」はあくまでも設例です。取締役会設置会社であって、発起人が1名のことも、4名以上のこともあります。

61 取締役会設置会社の設立手続き

株式会社設立手続きの一覧(実務)
(発起人3名・取締役3名・監査役1名・取締役会設置会社)

①定款の作成
- 設立時発行株式に関する事項の決定
- 発行可能株式総数の定め
- 設立時取締役および設立時監査役の選任

②定款の認証

③出資の払込み

④設立時取締役および設立時監査役による調査

⑤設立時代表取締役の選定

⑥設立の登記の申請

3 定款の作成

　巻末付録・定款記載例「③取締役会設置会社(発起人3名・取締役3名・監査役1名)」(179ページ〜)に、「株式会社 Shu-WA」の定款を掲げています。この定款は、日本公証人連合会の定款記載例のうち「3中規模な会社」に準拠(一部変更)しています。

　株式会社 Shu-WA は、発起人3名、取締役3名、うち代表取締役1名、監査役1名の株式会社(取締役会設置会社)です。

書式は、ダウンロードサービスの「定款記載例③取締役会設置会社（株式会社 Shu-WA）」のファイルを使用してください。

　株式会社 Shu-WA の定款のうち、太字で書いた部分は各株式会社において変更すべき部分です。赤字で書いた部分は解説ですので、最終的には削除してください。太字でも赤字でもない部分は、まったく変更できないわけではありませんが、会社法についての十分な知識が必要ですので、いじらない（削除も変更もしない）ほうが無難です。

　なお、定款には発起人の全員が個人実印で押印する必要があります。

4　実質的支配者申告書

　株式会社の実質的支配者となるべき者の申告書（実質的支配者申告書）の提出およびその書式については、基本的にひとり株式会社と同じです。

　次ページに株式会社 Shu-WA の実質的支配者申告書の例を掲げますが、本書の印刷では非常に文字が小さいので、ダウンロードサービスから「実質的支配者申告書の記載例」を取得してお読みください。

　なお、株式会社 Shu-WA においては50％超の議決権を有する者はおらず、発起人甲山一郎と発起人乙山二郎が共に25％超の議決権を有するので、この2名を実質的支配者として申告します。発起人丙山三郎は実質的支配者に該当せず、その申告は必要ありません。

　実質的支配者となるべき者（甲山一郎および乙山二郎）については、運転免許証またはマイナンバーカード等の写真付きの本人確認書類の写し（コピー）を添付する必要があります。

実質的支配者申告書

実質的支配者となるべき者の申告書（株式会社用）

（公証役場名）
東京　公証役場　　　　　　　　　　　認証担当公証人　法務　巌男　　　　　　　　殿
（商号）　株式会社Ｓｈｕ－ＷＡ

の成立時に実質的支配者となるべき者の本人特定事項等及び暴力団員等該当性について、以下のとおり、申告する。
令和〇〇年〇〇月〇〇日

■ 嘱託人住所　　　　　　　　　　　　　　　■ 嘱託人氏名（記名又は署名）
東京都足立区〇〇一丁目１番１号　　　　　　　甲山　一郎

実質的支配者となるべき者の該当事由（①から④までのいずれかの左側の□内に✓印を付してください。）（※1）

- □ ❶ 設立する会社の議決権の総数の５０％を超える議決権を直接又は間接に有する自然人となるべき者（この者が当該会社の事業経営を実質的に支配する意思又は能力がないことが明らかな場合を除く。）：犯罪による収益の移転防止に関する法律施行規則（以下「犯収法施行規則」という。）１１条２項１号参照
- ✓ ❷ ❶に該当する者がいない場合は、設立する会社の議決権の総数の２５％を超える議決権を直接又は間接に有する自然人となるべき者（この者が当該会社の事業経営を実質的に支配する意思又は能力がないことが明らかな場合又は他の者が設立する会社の議決権の総数の５０％を超える議決権を直接又は間接に有する場合を除く。）：犯収法施行規則１１条２項１号参照
- □ ❸ ❶及び❷のいずれにも該当する者がいない場合は、出資、融資、取引その他の関係を通じて、設立する会社の事業活動に支配的な影響力を有する自然人となるべき者：犯収法施行規則１１条２項２号参照
- □ ❹ ❶、❷及び❸のいずれにも該当する者がいない場合は、設立する会社を代表し、その業務を執行する自然人となるべき者：犯収法施行規則１１条２項４号参照

実質的支配者となるべき者の本人特定事項等（※2、※3）　　　　　　　　　　　　　　　**暴力団員等該当性**（※4）

住居	東京都足立区〇〇一丁目１番１号	国籍等	(日本)・その他 （　　　）（※5）	性別	(男)・女（※6）	（暴力団員等に） 該当 ・ (非該当)
		生年月日	(昭和)・平成・西暦 ４０年４月４日生	議決権割合	４５％（※7）	
フリガナ	コウヤマ　イチロウ					
氏名	甲山　一郎	実質的支配者 該当性の根拠資料	(定款)・定款以外の資料・なし（※8）			

住居	千葉県浦安市〇〇二丁目２番２号	国籍等	(日本)・その他 （　　　）（※5）	性別	(男)・女（※6）	（暴力団員等に） 該当 ・ (非該当)
		生年月日	昭和・(平成)・西暦 ２年２月２日生	議決権割合	３５％（※7）	
フリガナ	オツヤマ　ジロウ					
氏名	乙山　二郎	実質的支配者 該当性の根拠資料	(定款)・定款以外の資料・なし（※8）			

住居		国籍等	日本・その他 （　　　）（※5）	性別	男・女（※6）	（暴力団員等に） 該当 ・ 非該当
		生年月日	昭和・平成・西暦 　年　月　日生	議決権割合	％（※7）	
フリガナ						
氏名		実質的支配者 該当性の根拠資料	定款・定款以外の資料・なし（※8）			

※1 (1)の５０％及び(2)の２５％の計算は、次に掲げる割合を合計した割合による（犯収法施行規則１１条３項）。
(1) 当該自然人が有する当該会社の議決権が当該会社の議決権の総数に占める割合
(2) 当該自然人の支配法人（当該自然人がその議決権の総数の５０％を超える議決権を有する法人をいう。この場合において、当該自然人及びその一若しくは二以上の支配法人又は当該自然人の一若しくは二以上の支配法人が議決権の総数の５０％を超える議決権を有する他の法人は、当該自然人の支配法人とみなす。）が有する当該会社の議決権が当該会社の議決権の総数に占める割合
※2 「住居、氏名」欄には、❶の場合は２名を上限、❷から❹までの場合は、該当者各別を記載する。
※3 犯収法施行規則１１条４項において、上場企業等及びその子会社は自然人とみなされるので、上記自然人の「住居、氏名」欄の記載に代えて、その「住所、名称」を記載する。
※4 実質的支配者となるべき者が暴力団員（暴力団員による不当な行為の防止等に関する法律第２条第６号）、国際テロリスト（国際連合安全保障理事会決議第1267号等を踏まえ我が国が実施する財産の凍結等に関する特別措置法第３条第１項の規定により公告されている者若しくは同法第４条第１項の規定による指定を受けている者）又は大量破壊兵器関連計画等関連者（国際連合安全保障理事会決議第1267号等を踏まえ我が国が外国為替及び外国貿易法に基づき経済制裁措置を実施している者）に該当する場合は「該当」を○で囲み、なお、該当する選択肢を○で囲むことに代えて、実質的支配者となるべき者が作成した上その旨の表明保証書を提出することも可能である。
※5 「国籍等」欄は、日本国籍の場合は「日本」を○で囲み、日本国籍を有しない場合は「その他」を○で囲んで具体的な国名等を（　）内に記載する。
※6 「性別」欄は、該当するものを○で囲む。
※7 「議決権割合」欄は、❶❷の場合のみ記載する。
※8 「実質的支配者該当性の根拠資料」欄は、該当するものを○で囲み、定款以外の資料がある場合には、その原本又は写しを添付する。また、実質的支配者となるべき者の本人特定事項が明らかになる資料を添付する（自然人の場合は、運転免許証、旅券、個人番号カード（マイナンバーカード）、在留カード等の写し等、法人の場合には、全部事項証明書及び印鑑証明書の原本又は写し）。

実質的支配者となるべき者が３名を超える場合は、更に申告書を用いて記入してください。

5 定款の認証

　株式会社 Shu-WA の場合（発起人3名）も、株式会社シュウワと同様に、定款認証の嘱託に関する権限を発起人代表者に委任して、発起人代表者1名が「嘱託人」として公証役場に出向いて手続するのがよいでしょう。その場合、発起人代表者以外の発起人は、次ページの委任状を提出します。この委任状の書式は、ダウンロードサービスから取得することができます。

　なお、いずれの場合においても、発起人全員の個人の印鑑証明書（発行から3ケ月以内）各1通を、公証人に提出する必要があります。

6 出資の払込み

　発起人が複数の場合、発起人が合意して定めた発起人個人名義の金融機関の預貯金口座に出資の払込みをします。株式会社 Shu-WA においては、発起人3名のうちいずれか1名の名義の金融機関口座に払い込めば OK です。

7 設立時代表取締役の選定

　会社法では、取締役会設置会社においては、設立時代表取締役を設立時取締役の過半数の決定をもって選定すると規定されています。そこで、144ページの**設立時代表取締役選定決議書**を作成して、その決定を行います。

　もっとも、取締役会設置会社においても、定款で設立時代表取締役を定めることができないわけではありません。しかし、ここは会社法の規定を尊重し、設立時取締役の決定に委ねるのがよいと思います。

FIGURE 63 定款認証の嘱託に関する権限の委任状

委　任　状

住　所　東京都足立区〇〇一丁目1番1号
氏　名　甲山　一郎

私は、上記の者を代理人と定め下記の権限を委任します。

記

1．株式会社Shu－WAの定款について、発起人の記名押印を自認し、公証人の認証を嘱託する手続きに関する一切の件
2．定款謄本の交付請求及び受領に関する一切の件
3．実質的支配者となるべき者の申告書の作成・提出並びに申告受理及び認証証明書の申請・受領に関する一切の件

令和〇年〇月〇日

　　　　住　所　千葉県浦安市〇〇二丁目2番2号
発　起　人
　　　　氏　名　乙山　二郎　

　　　　住　所　神奈川県川崎市川崎区〇〇三丁目3番3号
発　起　人
　　　　氏　名　丙山　三郎　

◎株式会社Shu-WAにおいて、発起人乙山二郎および発起人丙山三郎が、発起人甲山一郎を発起人代表者として、定款認証の嘱託に関する権限を委任する委任状です。
◎発起人が4名以上の場合には、他の発起人についても同様の委任状を作成するか、上記丙山三郎の記名押印の下にさらに連記して記名押印します。
◎発起人は全員（発起人代表者である甲山一郎も）、個人の印鑑証明書（発行から3ヶ月以内）各1通を公証人に提出する必要があります。

設立時代表取締役選定決議書

設立時代表取締役選定決議書

令和○年○月○日、株式会社Shu－WA創立事務所において、設立時取締役の全員が出席して、その全員の一致の決議により次のとおり設立時代表取締役を選定した。なお、被選定者は、即時その就任を承諾した。

東京都中央区○○四丁目4番4号
設立時代表取締役　東川　四郎

上記設立時代表取締役の選定を証するため、設立時取締役の全員は、次のとおり記名押印する。

令和○年○月○日

株式会社Shu－WA

出席設立時取締役　　東川　四郎　（個人実印）

出席設立時取締役　　西川　五郎　（印）

出席設立時取締役　　南川　六郎　（印）

◎この書面は、取締役会議事録に準じる書面として、出席設立時取締役の全員が押印します。設立時代表取締役に就任した東川四郎については、個人実印を押印する必要があります（本書面が設立時代表取締役の就任承諾書を兼ねるため）。
◎設立時代表取締役は、株式会社の設立後は代表取締役（「設立時」の付かない）となります。

8 就任承諾書

　設立時取締役の全員と設立時監査役の計4名は、81～82ページと同様の就任承諾書（設立時監査役については「取締役」を「監査役」に変更して作成）が各1通必要となります。取締役会設置会社では設立時取締役および設立時監査役の就任承諾書について、押印は不要です。

　設立時取締役のうち東川四郎は設立時代表取締役としての就任承諾書も必要となりますが、前ページの設立時代表取締役選定決議書に「被選定者は、即時その就任を承諾した。」との記載があることから、それをもって就任承諾書として援用します。

9 払込証明書

　設立時取締役および設立時監査役は、各自83ページの事項の調査を行う必要がありますが、払込証明書を作成するのは、設立時代表取締役だけで OK です。書式等はひとり株式会社と変わるところはありません。

取締役会設置会社の設立の手続き②　登記申請

取締役会設置会社について、設立の登記の申請手続きを解説します。

1 印鑑届書・印鑑カード交付申請書・本人確認証明書の作成

　ひとり株式会社と同様に、設立時代表取締役が印鑑届書および印鑑カード交付申請書を作成します。また、東川四郎を除く設立時取締役および設立時監査役の計3名については、**本人確認証明書**が必要となります。東川四郎は設立時代表取締役として印鑑証明書を添付することになるので、別途本人確認証明書は不要です。本人確認証明書とは、具体的には次ページの書類です。

　株式会社 Shu-WA の設立の登記の申請手続きに必要な書類は下記のとおりです。もう一度確認してください。

①定款（公証人の認証文が付された謄本）1通
②設立時取締役の就任承諾書（押印不要）計3通
③設立時監査役の就任承諾書（押印不要）1通
④東川四郎を除く設立時取締役および設立時監査役の本人確認証明書計3通
⑤設立時代表取締役選定決議書1通
　（設立時代表取締役東川四郎は個人実印を押印）
⑥設立時代表取締役東川四郎の印鑑証明書（発行から3ヶ月以内）1通
⑦払込証明書1通
⑧印鑑届書1通
⑨印鑑カード交付申請書1通

65 本人確認証明書（いずれかひとつ）

1. 運転免許証コピー
2. マイナンバーカードコピー
3. 住民票または印鑑証明書コピー
4. 住民票または印鑑証明書の原本

❶〜❸の場合（コピーの場合）は、下記のように証明文を付けます。

住所・氏名が就任承諾書の記載と一致していることが必要

これは原本と相違ない
西川五郎

※押印不用

他の設立時取締役および設立時監査役も同様に作成する。

（東川四郎を除く）

2 設立の登記の申請書

　株式会社 Shu-WA の設立の登記の申請書は、次ページ以降に記載のとおりです。登記すべき事項の中に、ひとり株式会社にはない記載事項等がありますので、ご注意ください。なお、この書式はダウンロードサービスから取得できます。

　株式会社 Shu-WA の設立の登記の申請を行うのは、設立時代表取締役である東川四郎です。株式会社の設立にいたる一連の手続きは、出資の払込みが終わった時点で、発起人から設立時取締役にバトンタッチされています（第2章54～55ページ参照）。株式会社秀和および株式会社シュウワでは、発起人（のうちの1名）が設立時代表取締役を兼務しているため、その点を見過ごしてしまいがちかも知れません。しかし、株式会社では、あくまでも発起人（株主）と取締役は別の存在ですので、ご留意ください。

　その他注意事項等は、原則としてひとり株式会社の場合と同じです。

FIGURE 66 株式会社設立登記申請書

株式会社設立登記申請書

　フリガナ　　　　　シュウワ
1．商　　号　　　　株式会社Shu－WA
1．本　　店　　　　東京都港区○○二丁目10番10号ＳＷビル1F
1．登記の事由　　　令和○年○月○日発起設立の手続終了
1．登記すべき事項　別紙のとおり
1．課税標準金額　　金1000万円
1．登録免許税　　　金150,000円
1．添付書類
　　　定款　　　　　　　　　　　　　　　　　　　　1通
　　　設立時取締役及び設立時監査役の就任承諾書　　4通
　　　本人確認証明書　　　　　　　　　　　　　　　3通
　　　設立時代表取締役選定決議書　　　　　　　　　1通
　　　設立時代表取締役の就任承諾書は、
　　　　設立時代表取締役選定決議書の記載を援用する。
　　　印鑑証明書　　　　　　　　　　　　　　　　　1通
　　　払込証明書　　　　　　　　　　　　　　　　　1通

上記のとおり、登記の申請をします。

　　　令和○年○月○日
　　　　　　　　　東京都港区○○二丁目10番10号ＳＷビル1F
　　　　　　　　　申　請　人　　株式会社Shu－WA
　　　　　　　　　東京都中央区○○四丁目4番4号
　　　　　　　　　代表取締役　　東川四郎　　　
　　　　　　　　　連絡先の電話番号　000-0000-0000

東京法務局港出張所　御中

「商号」株式会社Shu-WA
「本店」東京都港区○○二丁目10番10号SWビル1F
「公告をする方法」官報に掲載する方法により行う。
「目的」
1　書籍の企画、出版及び販売
2　古書の買取及び販売並びに古物営業法に基づく古物商
3　不動産賃貸業
4　損害保険代理店業
5　前各号に附帯又は関連する一切の事業
「発行可能株式総数」1万株
「発行済株式の総数並びに種類及び数」
「発行済株式の総数」1000株
「資本金の額」金1000万円
「株式の譲渡制限に関する規定」
当会社の発行する株式の譲渡による取得については、取締役会の承認を受けなければならない。
「役員に関する事項」
「資格」取締役
「氏名」東川四郎
「役員に関する事項」
「資格」取締役
「氏名」西川五郎
「役員に関する事項」
「資格」取締役
「氏名」南川六郎
「役員に関する事項」
「資格」代表取締役
「住所」東京都中央区○○四丁目4番4号
「氏名」東川四郎
「役員に関する事項」

「資格」監査役
「氏名」北川七郎
「取締役会設置会社に関する事項」
取締役会設置会社
「監査役設置会社に関する事項」
監査役設置会社
「登記記録に関する事項」設立

収入印紙貼用台紙

収入印紙
100,000円

収入印紙
50,000円

※解説は、ひとり株式会社である株式会社秀和の設立登記申請書(98ページ〜102ページ)を参照してください。

登記オンライン申請とは？

登記オンライン申請とは、どのようなものなのでしょうか？

1 登記オンライン申請とは？

登記の申請は、インターネット通信を利用したオンラインで行うことができます。本書で言えば、第3章の「設立の登記の申請手続き」をオンラインで行うことを指します。登記オンライン申請は、書面で作成する登記の申請書を一定のデータ形式にして法務局に送信することで行います。

2 「半ライン」申請

登記の申請に、申請書のほか種々の添付書類が必要となることは、第3章で解説したとおりです。それでは登記オンライン申請では、これらの添付書類はどのように添付したらよいのでしょうか。

実は、登記オンライン申請では、書面で作成した添付書類について、書面のまま管轄法務局に持参または郵送することが認められています。つまり、登記申請書はデータ形式（登記申請データ）で送信し、添付書類は書面で提出することが可能なのです。これは俗に「半ライン」申請と呼ばれています（正式な用語ではありません）。

添付書類も定められた形式で電子データ化すれば、登記申請データに添付してオンライン送信することが可能なのですが、全部の添付書類を電子データ化するのは難しい場合もあります。現在のところは未だ「半ライン」申請が主流になっています。

3 登記オンライン申請は「お手軽」か？

　法務省（法務局）はホームページなどで、登記オンライン申請の「お手軽さ」を喧伝していますが、筆者の私見としては、それほど手軽でもありません。

　まずは、登記オンライン申請を行うためのハードウェアおよびソフトウェア上の「環境」を準備しなければなりません。この点が、なかなかハードルが高いのです。場合によっては費用もかかります。いったん環境を整えてしまえばあとは確かに「お手軽」になるのですが、専門家でない一般の方々が労力と費用をかけてまでそれをする意味はあるのでしょうか。書面で申請すれば済む話とも言えます。

　株式会社は設立後も登記申請をする機会がありますが、多くの株式会社では、何年かに一度のことでしょう。次に登記申請するときにオンライン申請ができたら確かに便利でしょうが、そのときにはソフトウェア等の仕様が変わっているかもしれません。また、せっかく環境を整えた PC も買い替えてしまっているかもしれません。

　筆者を含む司法書士は反復継続して、何十件・何百件と登記申請を行う立場にありますので、費用をかけ、また専門業者に頼んでも、登記オンライン申請をできる環境を整えています。しかし、それはそのまま一般の方々にも適用できる話ではないように思います。

　登記オンライン申請を行うことのコスパ、またそれに要する労力・時間のタイパを考えて、登記オンライン申請を行うかどうかを検討してください。

4 具体的な登記オンライン申請の解説について

　以上を踏まえたうえで、具体的に登記オンライン申請の方法を解説したいと思いますが、それは127ページに記載のURLのWebページで行います。書籍上ではなくWebページ上で解説する理由は、以下のとおりです。

> ①解説に多くの画像等を必要とするため、判型の小さな本書では限界があること
> ②他のWebページを参照する箇所が多く、ハイパーリンクを設けたいこと
> ③システムの仕様変更等の関係で手続きが変更となる可能性があり、書籍では対応が難しいこと
> ④登記オンライン申請を希望する方であれば、Webページ上の解説にたどり着くのは容易であること

　なお、登記オンライン申請とは言っても、基本となる会社法の手続き、設立の登記の申請手続きについては、書面（紙）での手続きと同じレベルの知識が求められます。決してそれらの手続きが「簡単に」なるわけではありません。したがって、まずは第2章および第3章でしっかり知識を身に付けていただき、それからWebページの解説をお読みください。あわててWebページから読んでも、おそらくよく理解できないでしょう。

　ということで、この先はWebページで。本書のモットーである「とにかく株式会社を設立すること」を第一の目的として解説しています。

電子定款とは？

電子定款とは、どのようなものなのでしょうか？どうしたら作成できるのでしょうか？

1 電子定款の意義

電子定款とは、本来、書面（紙）で作成する定款を電子ファイル（PDFファイル）で作成したものを指します。PDFファイルには押印ができませんので、電子ファイルへの電子署名という技術を用いて作成します。

電子定款を作成する意義は、次のものが挙げられます。

①定款を書面（紙）で作成する場合に必要な4万円の収入印紙が不要となる
②登記オンライン申請等の手続きに際し定款をオンライン送信でき、手続きが簡素化される

特に①の理由が大きく、現在、電子定款を作成する需要の多くが、そこにかかっていると言っても過言ではありません。

2 電子定款は「お手軽」か？

確かに収入印紙4万円分の費用の差は大きく、可能であれば電子定款を作成したいと考えるのも無理はないと思います。しかし、あくまでも「現時点では」という留保付きですが、電子定款を作成するのは、登記オンライン申請を行う以上にハードルが高いです。その理由は、マイナンバーカード（に格納された電子証明書）でPDFファイルに電子署名することの方法論にあります。

3 具体的な電子定款の作成方法の解説について

　以上を踏まえ、具体的に電子定款の作成方法を解説したいところですが、登記オンライン申請と同じ理由で、書籍上ではなく127ページに記載のURLのWebページで行います。

　なお、登記オンライン申請の項でも述べましたが、電子定款を作成すると言っても、基本となる会社法の知識は書面（紙）での手続きと同じレベルが必要となります。その点が「簡単に」なるわけではありませんので、ご注意ください。まずは第２章の定款作成に関する知識をしっかりと身に付けてから、Webページの解説をお読みください。

　また、電子定款については、近い将来、マイナンバーカードを使用するＰＤＦファイルへの電子署名の方法について、大きな変更が予想されます。具体的には、現在は利用できない「申請用総合ソフトを利用したXML署名」が利用可能になるものと思われます。そうなると、現在行われている方法よりずっと簡単に電子定款の作成ができるようになります。

　このあたりの制度改正については、筆者もなるべく早くWeb解説上に反映したいと考えております。読者のみなさまにおいても、改正の動向には十分にご注意くださいますようお願いいたします。

Column
電子署名の将来

　登記オンライン申請でも電子定款でも、電子署名という技術が不可欠の要素となっています。登記関係にとどまらず、近ごろでは契約書などについても電子文書化が進み、その作成に電子署名が利用されています。

　将来的に、この電子署名はどうなっているでしょうか？　もっと普及しているでしょうか？　それとも、消え去った技術となっているのでしょうか？

　現状、特にマイナンバーカードを利用したPDFファイルへの電子署名について問題があることは、Webページで解説していますので繰り返しません。しかし、個別の問題を抜きにしても、やはり電子署名という技術は難しく、使いにくいと筆者は感じています。

　本人確認手段として、電子署名ほど技術的に複雑な方法をどうしても使わなければならないものでしょうか。例えば、金融機関やECサイトなどでは、はじめに運転免許証の写しの提出等の方法により本人確認を実施し、その後、顧客はID・パスワードによって本人確認済であることを示して取引を行うことができます。この方法はわかりやすいですし、技術的に複雑さもありません。法務局をはじめとする官公庁でも、このような方法を利用することが不可能ではないと思うのです。

　本人確認手段には、社会的コンセンサスも必要です。現在の電子署名という技術をどれだけの人が理解し、本人確認手段として賛同しているのか――はなはだ心許ない気がします。

　電子署名を技術的に発展させ、誰でも使えるように、誰でも理解できるようにするためには、大きなイノベーションが必要だと思います。そして、そのイノベーションが実現したときには、それは現在の電子署名とはまったく別の技術になっているのではないでしょうか。

　筆者はそう思っています。

MEMO

巻末付録・定款記載例

　巻末付録として、①ひとり株式会社、②発起人2名・取締役3名の株式会社、③取締役会設置会社（発起人3名・取締役3名・監査役1名）の定款記載例を掲載します。

ひとり株式会社

太字で書いた部分は各株式会社において変更すべき部分です。赤字で書いた部分は解説ですので、最終的には削除してください。太字でも赤字でもない部分は、まったく変更できないわけではありませんが、会社法についての十分な知識が必要ですので、いじらない（削除も変更もしない）ほうが無難です。

株式会社秀和 定款

第1章　総　則

（商号）

第1条　当会社は、**株式会社秀和**と称する。

・商号には、「株式会社」という文字を含むことが必要です。株式会社○○でも○○株式会社でも、どちらでも可です。
・使用できる文字は日本の漢字、ひらがな、カタカナ、ローマ字（英語のアルファベットの大文字・小文字）、アラビア数字（0123456789）、「&」、「'」（アポストロフィー）、「,」（コンマ）、「-」（ハイフン）、「.」（ピリオド）、「・」（中点）です。
「&」以下の記号は、商号の先頭または末尾に使用することはできません。しかし、「.」（ピリオド）だけは、省略を表す記号として商号の末尾に使用することもできます。
上記以外の文字は使用できません。英語以外のアルファベット（ä、ç、é、è、ú など）、ギリシャ文字、ロシア文字、中国語の簡体字、ローマ数字（Ⅰ、Ⅳ、Ⅸなど）など、すべて使用不可です。
空白（スペース）は、ローマ字の複数の単語の間を区切る場合にだけ使用できます。
・商号の文字数に制限はありません。ただし、長過ぎる商号は記載するのにも苦労しますので、ほどほどの文字数に留めておいたほうがいいです。
・すでに登記された商号と「同　の商号」で、「同　の本店所在地」の株式会社

・は設立の登記をすることができません。
・「ふりがな」や「読み方」を付記したい場合もありますが、定款の記載上は認められないという説もありますので、付記しないほうがいいです。

（目的）

第2条　当会社は、次の事業を行うことを目的とする。

1　書籍の企画、出版及び販売
2　古書の買取及び販売並びに古物営業法に基づく古物商
3　不動産賃貸業
4　損害保険代理店業
5　前各号に附帯又は関連する一切の事業

・目的は「適法性」「営利性」「明確性」が必要です。
・「適法性」とは、株式会社は違法な事業を目的として定めることはできないということです。「覚せい剤の販売」などがその例ですが、「登記申請の代理業」など株式会社として行うことが法律で禁止されている事業も目的に定めることができません。
・「ボランティア活動」など、「営利性」のない事業は株式会社の目的とすることはできません。
・株式会社の目的は、「明確性」のある言葉で定めなくてはなりません。固有の商品名や専門用語など、一般的に知られていない言葉を使って目的を定めると、「明確性」がないと判断されることが多いです。

（本店所在地）

第3条　当会社は、本店を**群馬県高崎市**に置く。

・定款に定める本店所在地は、最小行政区画（市町村、東京都の特別区）までの記載とする方法、地番・住居表示の具体的所在地まで記載する方法があります。本条で最小行政区画までしか定めていない場合、別途、具体的所在場所を定める必要があります（第24条参照）。

（公告方法）

第4条　当会社の公告は、官報に掲載する方法により行う。

・公告する方法は、「官報に掲載する方法」が無難です。「電子公告」という方法があり、便利そうに聞こえますが、実はむしろ大変なので避けたほうがいいです。

第2章　株　式

（発行可能株式総数）

第5条　当会社の発行可能株式総数は、**1000株**とする。

・この規定は、将来（設立後）株式会社がどれだけの株式を発行できるのか、その上限を定めるものです。第26条の設立時発行株式数の10倍程度にしておくのが妥当と思います。さらに、この上限を超えて株式を発行したい場合には、定款を変更して発行可能株式総数を増加させることもできます。

（株券の不発行）

第6条　当会社は、その株式に係る株券を発行しない。

・現在の法律においては株券の発行はメリットに乏しく、デメリットは大きいので、「発行しない」と定めておくほうがいいです。

（株式の譲渡制限）

第7条　当会社の発行する株式の譲渡による取得については、**株主総会の承認**を受けなければならない。

・「株主総会の承認」は、「取締役の承認」または「当会社の承認」等と定めることも可能です。

（基準日）

第8条　当会社は、毎事業年度末日の最終の株主名簿に記載又は記録された議決権を有する株主をもって、その事業年度に関する定時株主総会において権利を行使することができる株主とする。

　2　前項のほか、必要があるときは、代表取締役は、あらかじめ公告して、臨時に基準日を定めることができる。

（株主の氏名等の届出）

第9条　当会社の株主及び登録株式質権者又はそれらの法定代理人は、当会社所定の書式により、氏名、住所及び印鑑を当会社に届け出なければならない。

2 前項の届出事項を変更したときも、同様とする。

第3章　株主総会

(招集時期)
第10条　当会社の定時株主総会は、毎事業年度の終了後3か月以内に招集し、臨時株主総会は、必要がある場合に招集する。

(招集権者)
第11条　株主総会は、法令に別段の定めがある場合を除き、代表取締役が招集する。

(招集通知)
第12条　株主総会の招集通知は、当該株主総会で議決権を行使することができる株主に対し、会日の5日前までに発する。

(株主総会の議長)
第13条　株主総会の議長は、代表取締役がこれに当たる。
2　代表取締役に事故があるときは、当該株主総会で議長を選出する。

(株主総会の決議)
第14条　株主総会の決議は、法令又は定款に別段の定めがある場合を除き、出席した議決権を行使することができる株主の議決権の過半数をもって行う。

（議事録）

第15条　株主総会の議事については、法令に定める事項を記載した議事録を作成し、株主総会の日から10年間本店に備え置く。

第4章　取締役及び代表取締役

（取締役の員数）

第16条　当会社の取締役は、**1名以上**とする。

・「1名以上で上限はない」という規定です。この定款はひとり株式会社の定款例ですが、将来的に取締役を増員する可能性も含めて、「1名以上」と定めておくほうがいいでしょう。

（取締役の資格）

第17条　取締役は、当会社の株主の中から選任する。ただし、必要があるときは、株主以外の者から選任することを妨げない。

（取締役の選任）

第18条　取締役は、株主総会において、議決権を行使することができる株主の議決権の3分の1以上を有する株主が出席し、その議決権の過半数の決議によって選任する。

（取締役の任期）

第19条　取締役の任期は、選任後**10年**以内に終了する事業年度のうち最終のものに関する定時株主総会の終結の時までとする。

・上記規定の「10年」は最長であり、これより長くすることはできません。

（代表取締役）

第20条　当会社の取締役が1名のときは、その者を代表取締役とする。

　　2　当会社に取締役が複数あるときは、うち1名を代表取締役とし、**株主総会の決議**で選定する。

・「株主総会の決議」は「取締役の互選」とすることも可能です。取締役の互選とは、複数いる取締役が話し合うなどして取締役のうちから代表取締役を選び出すということです。
・ひとり株式会社では第2項の適用の余地はありませんが、将来、取締役を増員する場合に備えて、第2項も定めておいたほうがいいです。

第5章　計　算

（事業年度）

第21条　当会社の事業年度は、**毎年4月1日から翌年3月末日**までの年1期とする。

・事業年度は自由に設定できます。株式会社の業務の都合に合わせて設定しましょう。なお、年2期以上とすることも可能ではありますが、負担が増えるだけなのでお勧めしません。ぴったり1年となるように定めるのがいいです。逆に、1年を超える期間を事業年度として設定することはできません。

（剰余金の配当）

第22条　剰余金の配当は、毎事業年度末日現在の最終の株主名簿に記載又は記録された株主又は登録株式質権者に対して行う。

（配当の除斥期間）

第23条　剰余金の配当がその支払の提供の日から3年を経過しても受領されないときは、当会社は、その支払義務を免れるものとする。

第6章　附　則

（設立時本店所在場所）

第24条　当会社の設立時における本店の所在場所は、次のとおりとする。

本店　群馬県高崎市○○町100番地1

・第3条で本店所在地を最小行政区画（群馬県高崎市）までしか定めていないので、本条で具体的所在場所まで定めます。

（設立に際して出資される財産の価額）

第25条　当会社の設立に際して出資される財産の価額は、**金100万円**とする。

（発起人の氏名ほか）

第26条　発起人の氏名、住所、設立に際して割当てを受ける株式数及び株式と引換えに払い込む金銭の額は、次のとおりである。

　　群馬県高崎市○○町100番地1
　　発起人　秀和　太郎　　100株、金100万円

（成立後の資本金の額）

第27条　当会社の成立後の資本金の額は、**金100万円**とする。

・51ページに掲げる「株式会社設立手続きの一覧」の「設立時発行株式に関する事項の決定」とは、下記の事項を決定することを指します。
　ⅰ 発起人が割当てを受ける設立時発行株式の数
　ⅱ 前号の設立時発行株式と引換えに払い込む金銭の額
　ⅲ 成立後の株式会社の資本金及び資本準備金の額に関する事項
第26条と第27条を合わせて「設立時発行株式に関する事項の決定」となります。この場合、第25条の「設立に際して出資される財産の価額」との整合性も必要となりますので、注意してください。

・発起人の氏名及び住所は定款の絶対的記載事項であり、定款の認証の手続きにおいても重要な情報となりますので、正確に（印鑑証明書の記載どおりに）記載してください。

（最初の事業年度）

第28条　当会社の最初の事業年度は、当会社成立の日から**令和〇年3月末日**までとする。

・第21条で事業年度を毎年4月1日から翌年3月末日までと定めました。この場合、最初の事業年度の末日は、株式会社を設立した日の後に初めて到来する「3月末日」となります。最初の事業年度が極端に短くならないよう、第21条の定めを変更するなどの工夫が必要な場合があります。
いずれにせよ、最初の事業年度は1年を超えることができませんので、ご注意ください。

（設立時取締役）

第29条　当会社の設立時取締役は、次のとおりである。

群馬県高崎市〇〇町100番地1
設立時取締役　秀和　太郎

・設立時取締役とは、文字どおり株式会社の設立に際して取締役となる者です。株式会社の設立後は取締役（「設立時」の付かない）となります。
・日本公証人連合会の定款記載例などには設立時取締役の住所の記載がありませんが、手続上、住所の記載をするほうが望ましいです。
・設立時取締役が1名しかいないときは、当然にその者が設立時代表取締役となります（第20条第1項）。したがって、ひとり株式会社では、設立時代表取締役を選定する必要はありません。設立時代表取締役は、株式会社の設立後は代表取締役（「設立時」の付かない）となります。

（法令の準拠）

第30条　この定款に規定のない事項は、全て会社法その他の法令に従う。

　以上、**株式会社秀和**設立のため、この定款を作成し、発起人が次に記名押印する。

令和○年○月○日

　　　　発起人　**秀和　太郎**　

・発起人は記名押印します。
・発起人は各ページのつづり目に契印（割印）をします。

発起人2名・取締役3名の株式会社

　太字で書いた部分は各株式会社において変更すべき部分です。赤字で書いた部分は解説ですので、最終的には削除してください。太字でも赤字でもない部分は、まったく変更できないわけではありませんが、会社法についての十分な知識が必要ですので、いじらない（削除も変更もしない）ほうが無難です。

株式会社シュウワ　定款

第1章　総　則

（商号）

第1条　当会社は、**株式会社シュウワ**と称する。

（目的）

第2条　当会社は、次の事業を行うことを目的とする。

　　1　書籍の企画、出版及び販売
　　2　古書の買取及び販売並びに古物営業法に基づく古物商
　　3　不動産賃貸業
　　4　損害保険代理店業
　　5　前各号に附帯又は関連する一切の事業

（本店所在地）

第3条　当会社は、本店を**埼玉県熊谷市**に置く。

（公告方法）

第4条　当会社の公告は、官報に掲載する方法により行う。

第2章　株　式

（発行可能株式総数）

第5条　当会社の発行可能株式総数は、**3000株**とする。

（株券の不発行）

第6条　当会社は、その株式に係る株券を発行しない。

（株式の譲渡制限）

第7条　当会社の発行する株式の譲渡による取得については、**株主総会**の承認を受けなければならない。

・第1条から第7条まで、①株式会社秀和の定款の第1条から第7条までの解説を参照してください。

（相続人等に対する売渡請求）

第8条　当会社は、相続、合併その他の一般承継により当会社の譲渡制限の付された株式を取得した者に対し、当該株式を当会社に売り渡すことを請求することができる。

・発起人（株主）が2名となるため、株式の相続等が発生する可能性があり、それに対する備えとして本条を定めておいたほうがいいです。

（株主名簿記載事項の記載又は記録の請求）

第9条　当会社の株式の取得者が株主の氏名等の株主名簿記載事項を株主名簿に記載又は記録することを請求するには、当会社所定の書式による請求書にその取得した株式の株主として株主名簿に記載若しくは記録された者又はその相続人その他の一般承継人と株式の取得者が署名又は記名押印

し、共同してしなければならない。ただし、法務省令で定める場合には、株式取得者が単独で上記請求をすることができる。

（質権の登録及び信託財産の表示の請求）
第10条　当会社の発行する株式につき質権の登録、変更若しくは抹消又は信託財産の表示若しくは抹消を請求するには、当会社所定の書式による請求書に当事者が署名又は記名押印してしなければならない。

（手数料）
第11条　前2条の請求をする場合には、当会社所定の手数料を支払わなければならない。

（基準日）
第12条　当会社は、毎事業年度末日の最終の株主名簿に記載又は記録された議決権を有する株主をもって、その事業年度に関する定時株主総会において権利を行使することができる株主とする。
　　2　前項のほか、必要があるときは、あらかじめ公告して、一定の日の最終の株主名簿に記載又は記録されている株主又は登録株式質権者をもって、その権利を行使することができる株主又は登録株式質権者とすることができる。

（株主の氏名等の届出）
第13条　当会社の株主及び登録株式質権者又はそれらの法定代理人若しくは代表者は、当会社所定の書式により、氏名又

は名称、住所及び印鑑を当会社に届け出なければならない。
2　前項の届出事項を変更したときも、同様とする。

第3章　株主総会

（招集時期）
第14条　当会社の定時株主総会は、毎事業年度の終了後3か月以内に招集し、臨時株主総会は、必要がある場合に招集する。

（招集権者）
第15条　株主総会は、法令に別段の定めがある場合を除き、取締役社長が招集する。

（招集通知）
第16条　株主総会の招集通知は、当該株主総会で議決権を行使することができる株主に対し、会日の5日前までに発する。ただし、書面投票又は電子投票を認める場合には、会日の2週間前までに発するものとする。
　2　前項の規定にかかわらず、株主総会は、その総会において議決権を行使することができる株主の全員の同意があるときは、書面投票又は電子投票を認める場合を除き、招集の手続を経ることなく開催することができる。

（株主総会の議長）
第17条　株主総会の議長は、取締役社長がこれに当たる。
　2　取締役社長に事故があるときは、当該株主総会で議長を選出する。

（株主総会の決議）
第18条　株主総会の決議は、法令又は定款に別段の定めがある場合を除き、出席した議決権を行使することができる株主の議決権の過半数をもって行う。

（決議及び報告の省略）
第19条　取締役又は株主が株主総会の目的である事項について提案をした場合において、当該提案につき株主（当該事項について議決権を行使することができるものに限る。）の全員が書面又は電磁的記録により同意の意思表示をしたときは、当該提案を可決する旨の株主総会の決議があったものとみなす。
　２　取締役が株主の全員に対して株主総会に報告すべき事項を通知した場合において、当該事項を株主総会に報告することを要しないことにつき株主の全員が書面又は電磁的記録により同意の意思表示をしたときは、当該事項の株主総会への報告があったものとみなす。

（議事録）
第20条　株主総会の議事については、開催の日時及び場所、出席した役員並びに議事の経過の要領及びその結果その他法務省令で定める事項を記載又は記録した議事録を作成し、議長及び出席した取締役がこれに署名若しくは記名押印又は電子署名をし、株主総会の日から10年間本店に備え置く。

第4章　取締役及び代表取締役

（取締役の員数）

第21条　当会社の取締役は、**1名以上**とする。

・「1名以上で上限はない」という規定です。この定款は取締役3名を選任する株式会社の定款例ですが、将来的に取締役が増減する可能性も含めて「1名以上」と定めておくのがいいでしょう。

（取締役の資格）

第22条　取締役は、当会社の株主の中から選任する。ただし、必要があるときは、株主以外の者から選任することを妨げない。

（取締役の選任）

第23条　取締役は、株主総会において、議決権を行使することができる株主の議決権の3分の1以上を有する株主が出席し、その議決権の過半数の決議によって選任する。

　2　取締役の選任については、累積投票によらない。

（取締役の任期）

第24条　取締役の任期は、選任後**4年**以内に終了する事業年度のうち最終のものに関する定時株主総会の終結の時までとする。

　2　任期満了前に退任した取締役の補欠として、又は増員により選任された取締役の任期は、前任者又は他の在任取締役の任期の残存期間と同一とする。

・上記の「4年」は最長「10年」です。複数の取締役を選任する会社では、あまり任期を長くしないほうが無難です。任期が長過ぎると、不適任な取締役を解任する際などに不都合を生じる場合があります。

（代表取締役及び社長）

第25条　当会社に取締役を複数置く場合には、代表取締役1名を置き、**取締役の互選**により定める。当会社に置く取締役が1名の場合には、当該取締役を代表取締役とする。

　2　代表取締役は、社長とし、当会社を代表する。
　3　当会社の業務は、取締役社長が執行する。

・「取締役の互選」は「株主総会の決議」とすることも可能です。取締役の互選とは、複数いる取締役が話し合うなどして取締役のうちから代表取締役を選び出すということです。

（取締役の報酬及び退職慰労金）

第26条　取締役の報酬及び退職慰労金は、株主総会の決議によって定める。

　　　　　　　　第5章　計　算

（事業年度）

第27条　当会社の事業年度は、**毎年4月1日から翌年3月末日**までの年1期とする。

・①株式会社秀和の定款の第21条の解説を参照してください。

（剰余金の配当）

第28条　剰余金の配当は、毎事業年度末日現在の最終の株主名簿に記載又は記録された株主又は登録株式質権者に対して行う。

（配当の除斥期間）

第29条　剰余金の配当がその支払の提供の日から3年を経過しても受領されないときは、当会社は、その支払義務を免れるものとする。

第6章　附　則

（設立時本店所在場所）

第30条　当会社の設立時における本店の所在場所は、次のとおりとする。

　　　本店　埼玉県熊谷市○○町200番地2

・第3条で本店所在地を最小行政区画（埼玉県熊谷市）までしか定めていないので、本条で具体的所在場所まで定めます。

（設立に際して出資される財産の価額）

第31条　当会社の設立に際して出資される財産の価額は、**金300万円**とする。

（発起人の氏名ほか）

第32条　発起人の氏名、住所、設立に際して割当てを受ける株式数及び株式と引換えに払い込む金銭の額は、次のとおりである。

　　　埼玉県本庄市○○町300番地3
　　　発起人　佐藤　光子　　　180株、金180万円
　　　埼玉県秩父市○○町400番地4
　　　発起人　田中　良江　　　120株、金120万円

（成立後の資本金の額）

第33条　当会社の設立に際して出資される財産の全額を成立後の資本金の額とする。

・①株式会社秀和の定款の第27条の解説を参照してください。

（最初の事業年度）

第34条　当会社の最初の事業年度は、当会社成立の日から**令和○年3月末日**までとする。

・①株式会社秀和の定款の第28条の解説を参照してください。

（設立時取締役等）

第35条　当会社の設立時取締役及び設立時代表取締役は、次のとおりである。

　　　埼玉県本庄市○○町300番地3
　　　設立時取締役　佐藤　光子
　　　埼玉県秩父市○○町400番地4
　　　設立時取締役　田中　良江
　　　埼玉県さいたま市大宮区○○町一丁目5番5号 SW マンション101
　　　設立時取締役　鈴木　正夫
　　　設立時代表取締役　佐藤　光子

・設立時取締役とは、文字どおり株式会社の設立に際して取締役となる者です。株式会社の設立後は取締役（「設立時」の付かない）となります。株式会社の発起人（株主）は、必ずしも取締役と兼務する必要はありません。
・日本公証人連合会の定款記載例などには設立時取締役の住所の記載がありませんが、手続上、記載するほうが望ましいです。ただし、設立時代表取締役は氏名の記載のみで足ります。
・設立時代表取締役は、株式会社の設立後は代表取締役（「設立時」の付かない）となります。

（法令の準拠）

第36条　この定款に規定のない事項は、全て会社法その他の法令に従う。

以上、**株式会社シュウワ設立**のため、この定款を作成し、発起人が次に記名押印する。

令和○年○月○日

　　発起人　佐藤　光子　

　　発起人　田中　良江　

・発起人の全員が記名押印します。
・発起人の全員が各ページのつづり目に契印（割印）をします。
・その他、ひとり株式会社の定款作成に関する注意事項は原則としてすべて当てはまりますので、ご確認ください。

取締役会設置会社（発起人3名・取締役3名・監査役1名）

太字で書いた部分は各株式会社において変更すべき部分です。赤字で書いた部分は解説ですので、最終的には削除してください。太字でも赤字でもない部分は、まったく変更できないわけではありませんが、会社法についての十分な知識が必要ですので、いじらない（削除も変更もしない）ほうが無難です。

株式会社 Shu-WA　定款

第1章　総　則

（商号）

第1条　当会社は、**株式会社 Shu-WA** と称する。

（目的）

第2条　当会社は、次の事業を行うことを目的とする。

1. **書籍の企画、出版及び販売**
2. **古書の買取及び販売並びに古物営業法に基づく古物商**
3. **不動産賃貸業**
4. **損害保険代理店業**
5. 前各号に附帯又は関連する一切の事業

（本店所在地）
第3条　当会社は、本店を**東京都港区**に置く。

（公告方法）
第4条　当会社の公告は、官報に掲載する方法により行う。

（機関構成）
第5条　当会社は、株主総会及び取締役のほか、取締役会及び監査役を設置する。

・株主総会と取締役は株式会社に必須の機関ですが、それに加えて、取締役会と監査役を置く旨を定めます。

第2章　株　式

（発行可能株式総数）
第6条　当会社の発行可能株式総数は、**1万株**とする。

（株券の不発行）
第7条　当会社は、その株式に係る株券を発行しない。

・第1条から第7条まで、第5条を除き、①株式会社秀和の定款の第1条から第6条までの同一項目の解説を参照してください。

（株式の譲渡制限）
第8条　当会社の発行する株式の譲渡による取得については、取締役会の承認を受けなければならない。

・取締役会設置会社では、譲渡の承認機関は原則として取締役会です。

（相続人等に対する売渡請求）

第9条　当会社は、相続、合併その他の一般承継により当会社の譲渡制限の付された株式を取得した者に対し、当該株式を当会社に売り渡すことを請求することができる。

・発起人（株主）が3名となるため、株式の相続等が発生する可能性があり、それに対する備えとして本条を定めておいたほうがいいです。

（株主名簿記載事項の記載又は記録の請求）

第10条　当会社の株式の取得者が株主の氏名等の株主名簿記載事項を株主名簿に記載又は記録することを請求するには、当会社所定の書式による請求書にその取得した株式の株主として株主名簿に記載若しくは記録された者又はその相続人その他の一般承継人と株式の取得者が署名又は記名押印し、共同してしなければならない。ただし、法務省令で定める場合には、株式取得者が単独で上記請求をすることができる。

（質権の登録及び信託財産の表示の請求）

第11条　当会社の発行する株式につき質権の登録、変更若しくは抹消又は信託財産の表示若しくは抹消を請求するには、当会社所定の書式による請求書に当事者が署名又は記名押印してしなければならない。

（手数料）

第12条　前2条の請求をする場合には、当会社所定の手数料を支払わなければならない。

（基準日）
第13条　当会社は、毎事業年度末日の最終の株主名簿に記載又は記録された議決権を有する株主をもって、その事業年度に関する定時株主総会において権利を行使することができる株主とする。
　　2　前項の規定にかかわらず、同項の株主の権利を害しない場合には、同項記載の日の後に、募集株式の発行、合併、株式交換又は吸収分割その他これに準ずる事由により当会社の議決権を有する株式を取得した者の全部又は一部を、当該定時株主総会において議決権を行使することができる株主と定めることができる。
　　3　第1項のほか、必要があるときは、あらかじめ公告して、一定の日の最終の株主名簿に記載又は記録されている株主又は登録株式質権者をもって、その権利を行使することができる株主又は登録株式質権者とすることができる。

（株式取扱規則）
第14条　当会社の株式の譲渡承認手続、株主名簿記載事項の記載又は記録の請求手続その他株式に関する取扱い及び手数料については、法令又は定款に定めるほか、取締役会において定める株式取扱規則による。

第3章　株主総会

（招集時期）
第15条　当会社の定時株主総会は、毎事業年度の終了後3か月以内に招集し、臨時株主総会は、必要がある場合に招集する。

（招集権者）

第16条　株主総会は、法令に別段の定めがある場合を除き、取締役会の決議により、取締役社長が招集する。

　　２　取締役社長に事故があるときは、あらかじめ取締役会の定めた順序により、他の取締役がこれに当たる。

（招集通知）

第17条　株主総会の招集通知は、当該株主総会の目的事項について議決権を行使することができる株主に対し、会日の7日前までに発する。ただし、書面投票又は電子投票を認める場合には、会日の2週間前までに発するものとする。

　　２　前項の規定にかかわらず、株主総会は、その総会において議決権を行使することができる株主の全員の同意があるときは、書面投票又は電子投票を認める場合を除き、招集の手続を経ることなく開催することができる。

（株主総会の議長）

第18条　株主総会の議長は、取締役社長がこれに当たる。

　　２　取締役社長に事故があるときは、あらかじめ取締役会の定めた順序により、他の取締役が議長になる。

　　３　取締役全員に事故があるときは、株主総会において出席株主のうちから議長を選出する。

（株主総会の決議）

第19条　株主総会の決議は、法令又は定款に別段の定めがある場合を除き、出席した議決権を行使することができる株主の議決権の過半数をもって行う。

2　会社法第309条第2項の定めによる決議は、定款に別段の定めがある場合を除き、議決権を行使することができる株主の議決権の3分の1以上を有する株主が出席し、その議決権の3分の2以上をもって行う。

（議決権の代理行使）
第20条　株主は、代理人によって議決権を行使することができる。この場合には、株主総会ごとに代理権を証する書面を当会社に提出しなければならない。
　2　前項の代理人は、当会社の議決権を有する株主に限るものとし、かつ、2名以上の代理人を選任することはできない。

（議事録）
第21条　株主総会の議事については、開催の日時及び場所、議事の経過の要領及びその結果、出席した取締役及び監査役その他会社法施行規則第72条第3項に定める事項を記載又は記録した議事録を作成し、議長及び出席した取締役がこれに署名若しくは記名押印又は電子署名をし、株主総会の日から10年間本店に備え置く。

第4章　取締役及び取締役会

（取締役の員数）
第22条　当会社の取締役は、**3名以上10名以内**とする。
・取締役会設置会社の取締役は、3名が最少人数です。上限（10名以内）は定めがなくても大丈夫です。

(取締役の選任)

第23条　取締役は、株主総会において、議決権を行使することができる株主の議決権の3分の1以上を有する株主が出席し、その議決権の過半数の決議によって選任する。

　2　取締役の選任については、累積投票によらない。

(取締役の任期)

第24条　取締役の任期は、選任後**2年**以内に終了する事業年度のうち最終のものに関する定時株主総会の終結の時までとする。

　2　任期満了前に退任した取締役の補欠として、又は増員により選任された取締役の任期は、前任者又は他の在任取締役の任期の残存期間と同一とする。

・上記の「2年」は最長「10年」です。取締役会設置会社では、あまり任期を長くしないほうが無難です。任期が長過ぎると、不適任な取締役を解任する際などに不都合を生じる場合があります。

(代表取締役及び役付取締役)

第25条　取締役会は、その決議により、取締役の中から代表取締役1名以上を定め、そのうち1名を社長とする。

　2　社長は、当会社を代表し、当会社の業務を執行する。

　3　取締役会は、その決議により、取締役の中から取締役会長1名、取締役副社長、専務取締役及び常務取締役各若干名を定めることができる。

・取締役会設置会社では、代表取締役は取締役会で選定します。

（取締役会の招集権者及び議長）
第26条　取締役会は、法令に別段の定めがある場合を除き、取締役社長が招集し、議長となる。
　　2　取締役社長に欠員又は事故があるときは、取締役会があらかじめ定めた順序により、他の取締役が取締役会を招集し、議長となる。

（取締役会の招集通知）
第27条　取締役会の招集通知は、会日の5日前までに各取締役及び監査役に対して発する。ただし、緊急の必要があるときは、この期間を短縮することができる。
　　2　取締役及び監査役の全員の同意があるときは、招集の手続を経ないで取締役会を開くことができる。

（取締役会の決議方法）
第28条　取締役会の決議は、議決に加わることができる取締役の過半数が出席し、その出席取締役の過半数をもって行う。
　　2　決議について特別の利害関係がある取締役は、議決権を行使することができない。

（取締役会の決議の省略）
第29条　当会社は、取締役が取締役会の決議の目的である事項について提案をした場合において、当該提案につき取締役（当該事項について議決に加わることができるものに限る。）の全員が書面又は電磁的記録により同意の意思表示をしたときは、当該提案を可決する旨の取締役会の決議があったものとみなす。ただし、監査役が異議を述べたときは、こ

の限りでない。

（議事録）

第30条　取締役会の議事については、開催の日時及び場所、議事の経過の要領及びその結果、出席した特別利害関係を有する取締役の氏名、出席した株主の氏名又は名称その他会社法施行規則第101条第3項で定める事項を議事録に記載又は記録し、出席した取締役及び監査役が署名若しくは記名押印又は電子署名をし、取締役会の日から10年間本店に備え置く。

（取締役会規則）

第31条　取締役会に関する事項については、法令及び定款に定めのあるもののほか、取締役会の定める取締役会規則による。

・第26条から第31条まで、取締役会に関する規定であり、①株式会社秀和および②株式会社シュウワの定款にはなかった規定です。

（取締役の報酬及び退職慰労金）

第32条　取締役の報酬及び退職慰労金は、株主総会の決議によって定める。

第5章　監査役

（監査役の員数及び選任）

第33条　監査役の員数は、**1名**とする。

　　2　監査役は、株主総会において、議決権を行使することができる株主の議決権の3分の1以上を有する株主が出席し、その議決権の過半数の決議によって選任する。

- 取締役会設置会社では、最少で監査役1名が必要ですが、複数であっても差し支えありません。監査役を複数置く場合には、「1名以上」「1名以上3名以内」などのように定めます。

（監査役の任期）

第34条　監査役の任期は、選任後**4年**以内に終了する事業年度のうち最終のものに関する定時株主総会の終結の時までとする。

　　2　補欠として選任された監査役の任期は、退任した監査役の任期の満了する時までとする。

- 上記の「4年」は最長「10年」です。あまり任期を長くしないほうがよいのは取締役と同じですが、監査役では上記の「4年」未満に短縮することはできません。

（監査役の報酬及び退職慰労金）

第35条　監査役の報酬及び退職慰労金は、株主総会の決議によって定める。

- 第33条から第35条まで、監査役に関する規定であり、①株式会社秀和および②株式会社シュウワにはなかった規定です。

第6章　計　算

（事業年度）

第36条　当会社の事業年度は、**毎年4月1日から翌年3月末日**までの年1期とする。

- ①株式会社秀和の定款の第21条の解説を参照してください。

（剰余金の配当）

第37条　剰余金の配当は、毎事業年度末日現在の最終の株主名簿に記載又は記録された株主又は登録株式質権者に対して行う。

（配当の除斥期間）

第38条　剰余金の配当がその支払の提供の日から3年を経過しても受領されないときは、当会社は、その支払義務を免れるものとする。

第7章　附　則

（設立時本店所在場所）

第39条　当会社の設立時における本店の所在場所は、次のとおりとする。

　　本店　東京都港区○○二丁目10番10号 SW ビル1F

・第3条で本店所在地を最小行政区画（東京都港区）までしか定めていないので、本条で具体的所在場所まで定めます。

（設立に際して出資される財産の価額）

第40条　当会社の設立に際して出資される財産の価額は、**金1000万円**とする。

（発起人の氏名ほか）

第41条　発起人の氏名、住所、設立に際して割当てを受ける株式数及び株式と引換えに払い込む金銭の額は、次のとおりである。

　　東京都足立区○○一丁目1番1号
　　発起人　甲山　一郎　　　450株、金450万円
　　千葉県浦安市○○二丁目2番2号
　　発起人　乙山　二郎　　　350株、金350万円
　　神奈川県川崎市川崎区○○三丁目3番3号
　　発起人　丙山　三郎　　　200株、金200万円

（成立後の資本金の額）

第42条　当会社の設立に際して出資される財産の全額を成立後の資本金の額とする。

・①株式会社秀和の定款の第27条の解説を参照してください。

（最初の事業年度）

第43条　当会社の最初の事業年度は、当会社成立の日から**令和○年3月末日**までとする。

・①株式会社秀和の定款の第28条の解説を参照してください。

（設立時取締役等）

第44条　当会社の設立時取締役及び設立時監査役は、次のとおりである。

　　　東京都中央区○○四丁目4番4号
　　　設立時取締役　東川　四郎
　　　東京都世田谷区○○五丁目5番5号
　　　設立時取締役　西川　五郎
　　　埼玉県川口市○○六丁目6番6号
　　　設立時取締役　南川　六郎
　　　東京都千代田区○○七丁目7番7号
　　　設立時監査役　北川　七郎

・設立時取締役および設立時監査役とは、文字どおり株式会社の設立に際して取締役および監査役となる者です。株式会社の設立後は取締役および監査役（「設立時」の付かない）となります。
・株式会社 Shu-WA の設例では、発起人（株主）と取締役・監査役の全員が完全に別人となっていますが、「取締役会設置会社では一般にそのようにしなければならない」ということはありません。取締役会設置会社でも、発起人（株主）の一部または全員が、取締役または監査役を兼務することは可能です。
・日本公証人連合会の定款記載例などには設立時取締役および設立時監査役の住所の記載がありませんが、手続上、記載するほうが望ましいです。
・会社法上、設立時代表取締役は設立時取締役の過半数の決定によって定める

こととなっているので、定款では定めず、別途設立時取締役による「設立時代表取締役選定決議書」を作成します（144ページ参照）。

（法令の準拠）
第45条　この定款に規定のない事項は、全て会社法その他の法令に従う。

　以上、**株式会社 Shu-WA 設立**のため、この定款を作成し、発起人が次に記名押印する。

令和〇年〇月〇日

　　発起人　**甲山　一郎**　　（個人実印）

　　発起人　**乙山　二郎**　　（個人実印）

　　発起人　**丙山　三郎**　　（個人実印）

・発起人の全員が記名押印します。
・発起人の全員が各ページのつづり目に契印（割印）をします。
・その他、ひとり株式会社の定款作成に関する注意事項は原則としてすべて当てはまりますので、ご確認ください。

MEMO

索引

索引

●あ行

委任状	132,142
印鑑カード	95,117
印鑑カード交付申請書	95
印鑑証明書	118
印鑑証明書交付申請書	118
印鑑届書	93
インボイス制度	28
営利事業	14
営利性	14

●か行

ガバナンス	39
株式	20
株式会社	8
株式会社設立登記申請書	97,101,135,148
株主	14
株主総会	18
監査	17
監査役	17
企業統治	39
議決権	18
給与所得控除	22
業務執行	17
均等割	24
計算書類	32
決算書	32
健康保険	30
現物	64
原本還付	90,105
権利能力	14
公開会社	37
公証人	68
公証役場	68

厚生年金保険	30
合同会社	43

●さ行

事業継続性	15
事業所得	22
自然人	14
実質的支配者申告書	71,130,140
実質的支配者	71
資本金	20
社団性	14
就任承諾書	81,134,145
住民税	24
出資の払込み	79
準則主義	49
譲渡制限	37
証明書発行請求機	120
嘱託人	132
所得税	22
設立時取締役	54
設立時代表取締役選定決議書	142,144
設立時発行株式	54
選任	81

●た行

代表取締役	16
定款	37,57,60,61,129,139
定款記載例	59,60,160,169,179
適格請求書	28
電子署名	157
電子定款	127,155
電子文書	52
登記オンライン申請	103,127,158
登記事項証明書	114

登記所	48
取下げ	112
取締役	16
取締役会	18

●な行
| 認証 | 68,75,132,142 |

●は行
払込証明書	83,134,145
半ライン申請	152
非公開会社	37
ひとり株式会社	9
法人格	14
法人税	22,24
法務局	48,109
補正	112
本人確認証明書	146

●ま行
| 免税事業者 | 28 |

●や行
役員	17
役員報酬	22
有限責任	15
有限責任の法則	15

●英語
CD-R	103
DVD-R	103
QRコード付き書面申請	103

●著者紹介
岡住 貞宏（おかずみ さだひろ）

1967（昭和42）年、群馬県富岡市生まれ。1990（平成2）年、慶應義塾大学法学部法律学科卒。司法書士・行政書士。群馬司法書士会所属・群馬県行政書士会所属。元・群馬司法書士会会長、元・日本司法書士会連合会理事。著書に『図解ポケット 不動産登記手続きがよくわかる本』『図解ポケット 相続登記手続きがよくわかる本』（秀和システム）、『いちばんやさしい株式会社の議事録作成全集』（自由国民社）。

●本文イラスト
まえだ たつひこ

図解ポケット
株式会社の設立手続きがよくわかる本

発行日	2024年11月15日	第1版第1刷

著　者　　岡住　貞宏

発行者　　斉藤　和邦
発行所　　株式会社 秀和システム
　　　　　〒135-0016
　　　　　東京都江東区東陽2-4-2　新宮ビル2F
　　　　　Tel 03-6264-3105（販売）Fax 03-6264-3094
印刷所　　三松堂印刷株式会社　　　Printed in Japan

ISBN978-4-7980-7302-6 C2032

定価はカバーに表示してあります。
乱丁本・落丁本はお取りかえいたします。
本書に関するご質問については、ご質問の内容と住所、氏名、電話番号を明記のうえ、当社編集部宛FAXまたは書面にてお送りください。お電話によるご質問は受け付けておりませんのであらかじめご了承ください。